千葉と守る

思いをつなぎ、
安全・健康な未来へ

熊谷俊人
（千葉県知事）

はじめに

本書を手に取っていただき、ありがとうございます。

タイトルを見て、「千葉『と』守る？　千葉『を』守る　の間違いでは？」と思われた方も多いかもしれませんね。

でも、本書のタイトルは『千葉と守る』です。

我々行政の最も大きな役割は、そこに住む人々の生命、身体、財産を守ることです。加えて言えば、社会の秩序、子どもたちの未来、自然環境や資源、衣食住の充実した暮らし……守るべきものはたくさんあります。

そういう意味では、我々千葉県、そして知事である私は、千葉「を」守るという重大な責務を担っています。

しかし、これらは行政だけで守れるものでしょうか。もちろんリーダーが先頭に立ち、制度やルールを整備していく必要はありますが、そこに住む人々や、そこで経済活動を営む人々の主体的な行動がなければ決して推進できるものではなく、千葉の未来を守ることは成し遂げられません。

千葉「が」日本を守っている――こういう考えはいかがでしょうか。

人口、インフラ、投資などが集中しすぎていることが問題視されることも多いですが、日本の機能は首都・東京に一極集中していて、経済活動もまた極端な一極集中となっているのは紛れもないことです。

その東京は東京湾に面していて標高も低いため、津波の被害には厳重な注意が必要です。ただ計算上、津波の被害は限定的になると想定されています。理由の一つは房総半島が「防波堤」となって守っているからです。そのため、千葉自体は津波に対して脆弱であることは否めませんが、千葉「が」首都東京を地形的に守っているのは事実です。

また、千葉県は日本のゲートウェイ（入り口）です。空は国際貨物取扱量・国内1位、国際線旅客数・国内1位の成田空港。海は貨物取扱量・国内2位の千葉港。日本と世界の通信ネットワークをつなぐ光海底ケーブルは南房総市に基地が多くあります。2023年にはGoogleの日本初のデータセンターが印西《いんざい》市にできました。人やモノだけでなく、データのゲートウェイも千葉にあるのです。入り口は攻撃を受けやすい場所ですから、守りを堅固にしなくてはいけません。

だから千葉「が」日本を守っているという言い方もできるのです。

行政も民間企業も住民も、それぞれがそれぞれの立場で千葉を、そして日本を守っている。「大切なものを守りたい」という、社会的責任感と善意をベースにした真面目な取り組みが、社会全体を覆うように広がることで、私たちの安全は守られ、安心できる日々がもたらされています。その姿の一端を紹介する本にしたいと思い、『千葉と守る』というタイトルに決めました。

私のモットーは〝現場主義〟。この本では、各分野の最前線で強い思いを持ってコツコツと安心を積み上げている人、私たちの暮らしを、千葉「と」守っている人。そんな人たちから、これまでの活動について詳しく聞き、その胸の内に秘めた願いに迫ってみました。

①子どもたちの「成長」を守る…石井智康さん
（石井食品株式会社　代表取締役社長執行役員）
②日本の「食文化」を守る…堀切功章さん（キッコーマン株式会社　代表取締役会長）
③日本の「空の玄関口」を守る…田村明比古さん
（成田国際空港株式会社　代表取締役社長）
④千葉が誇る「資源」を守る…山ノ井敏夫さん（株式会社合同資源　代表取締役社長）
⑤千葉と関東をつなぐ「アクアライン」を守る…八木茂樹さん
（東京湾横断道路株式会社　代表取締役社長）
⑥災害から「命」を守る…小泉進次郎さん（衆議院議員）

知っているつもりだったのに、詳しく話を聞いてみればまったく理解できていなかった、別の面に気がついたということはよくあります。

安全がどのように守られているのか、安心がどのようにもたらされているのか――。

皆さんがそれを知るための一助になればと願っています。

さあ、一緒に千葉「と」未来を守っていきましょう！

目次

はじめに……3

第1章
千葉と一緒に家族の食、家族と過ごす時間を守る……10
〝イシイのおべんとクン ミートボール〟でおなじみ
石井食品株式会社 代表取締役社長執行役員
石井智康さん

第2章
千葉発、和食の力で日本と世界の健康を守る……52
キッコーマン株式会社 代表取締役会長／経済同友会監事
堀切功章さん

第3章
千葉から世界へ
生活・安全・経済を空から守る……100
成田国際空港株式会社 代表取締役社長
田村明比古さん

第4章
日本のそして
千葉県の貴重な資源を守る……140
〝ヨウ素を生産するパイオニア〟
株式会社合同資源 代表取締役社長
山ノ井敏夫さん

第5章
世界有数のインフラは安全・安心の力で千葉を守る……168
（東京湾アクアライン）東京湾横断道路株式会社 代表取締役社長
八木茂樹さん

第6章
千葉県民、そして日本国民の命を災害から守る……216
房総半島の台風発生時、災害対応にあたった環境大臣（当時）
衆議院議員
小泉進次郎さん

おわりに ～集合知で「千葉と守る」……242

千葉と一緒に 家族の食、家族と 過ごす時間を守る

熊谷俊人

第1章

石《いし》井《い》智《とも》康《やす》さん ×

（石井食品株式会社 代表取締役社長執行役員）

「イシイのおべんとクン ミートボール」で全国区の知名度を誇る石井食品。その本社が千葉県船橋市にあることは意外なほど知られていません。

素材や調理法にもこだわり、真正面から美味しさに向き合う老舗企業の顔と、斬新な発想で社会課題に取り組んでいくスタートアップ企業の顔を併せ持つ「石井食品の現在地」について、石井智康社長に伺いました。

●「手作りの代行」で子育てを応援する

熊谷　石井食品といえば、「ミートボール」でおなじみだと思いますが、今日は意外と知られていない石井食品の素晴らしい取り組みの数々を読者の皆さんに知っていただきたいと思っています。そもそも石井食品が千葉県にある会社だということもあまり知られていないようですし、石井食品をＰＲすることが千葉県のＰＲにもなると思っています。

石井智康社長（以下、石井）　本当にありがとうございます。

熊谷　さっそくですが、石井食品さんは「農と食卓をつなぎ、子育てを応援する企業に」というフレーズを掲げていますが、まずそこに込めた思いから聞かせてください。

石井　これは、２０３０年に向けての中期経営計画のなかで新しく掲げたものです。ただ、新しいチャレンジをするときこそ、我々がこれまで何をやってきたのかという歴史を振り返ることが重要だと思います。なぜミートボールが今年50周年を迎えられるほど愛されてきたのか。実は「チキンハンバーグ」はそれ以上の歴史を誇りますし、ほかにも弊社にはいろいろな商品があります。どうして今日《こんにち》まで、石井食品としてやってこられたかと考えると、やはり〝ご家庭の子育てという時期に役に立ってきたから〟だと思います。お母さんとお子さん、お父さんとお子さん、親子の食シーンに貢献してきたからではないでしょうか。その点にしっかりと軸足を置いて、これからも子育ての応援に加え、新しいことにも挑戦していきたいなと考えています。

それとともに、やはり「お子さんが食べて美味しいものは、本質的には誰にとっても美味しいものなのではないか」というふうに考えているんです。そうだとすると、「子育てを応援」と銘打っていますが、拡大解釈すると、たとえばご高齢の親御さんに向けた食事の提供であったりとか、大きくなってひとり暮らしをするようになったお子さんへの仕送りだったりとか、そういったいろんな文脈のなかで「家族を応援」できるのではないかと思っています。もちろんそのど真ん中にある「子育てを応援する」ということにも改めて焦点を当てました。

熊谷　よくこういう大切なコンセプトを決めるときの会議って、いろんなワードが飛び交っている中で、議論を重ねたりするものですが、石井食品さんではすんなりと決まったのですか?

石井　そうですね。過去にとらわれず、「もっと未来志向にしなきゃいけないんじゃないか」「もっと違った表現があるのではないか」など、やはりいろいろな意見が出まして、そのなかでだんだんと収斂《しゅうれん》していったという形でしたね。

熊谷　「家族を応援」ということですが、私たちの世代を含めて、石井食品のミートボールを食べたことがない人はいないんじゃないかと思うくらいですからね。

石井　50年で累計50億袋を作っているという推定値を出しました。

熊谷　50億食ですか！　そうすると日本の人口比から考えると、少なくともひとり50袋ずつは食べていた計算ですよね。私は少なく見積もっても１００個は絶対食べています（笑）。

そして、単純に食べ物として栄養を与えてもらうだけでなく、お弁当づくりの時短になるわけですよね。それはつまり、家庭に時間

現在（2024年）のミートボールのパッケージとお弁当イメージ

を返しているというか、家庭に時間をプレゼントしている感じがします。

その積み上げた期間を考えると、国民にどれだけ時間をプレゼントしてくれたか。相当な社会貢献ですね。

石井　おっしゃるとおり、食品加工のやるべきことは、当然美味しいものを作ることなんですが、やはり手作りの愛情を持った味にかなうわけがない。本来はそれがいちばんいいんですよね。現代では、多くの家庭が共働きのなかで、手作りしたいけれどできないと悩んでいらっしゃる方も多い。料理が好きな方はいいけれど嫌いな方もいるし、時間にも限りがある。子どもとのコミュニケーションの時間を減らしてでも手作りしようという方もいらっしゃる。日本人はやっぱり真面目なんですよね。

そこで、さっと作れて、子どもと一緒にパクパク食べられて、子どもとの会話時間を増やせるのであれば、それが我々食品会社のやるべきことなんじゃないかと考えています。

熊谷　まったくそのとおりですね。手作りは手作りでもちろん素晴らしいのだけれども、こだわりすぎた結果、お母さんやお父さんがストレスや睡眠不足で健康を害してしまっては本末転倒ですよね。石井食品さんは家庭的な手作りの雰囲気を大事にされているので、そういった意味でも保護者にとっては選びやすいように思います。

石井　そうですね、工場内でも「手作りの代行」だって私たちは定義しています。

熊谷　「手作りの代行」、なるほど！

石井　来ていただくとわかるのですが、我々の工場はレシピもそうですが、作り方も含めて給食センターに近いんですよ。

熊谷　ああ、わかります。やっぱりお弁当のおかずというイメージが強いですもんね。我が家の子どもたちもお弁当にミートボールが入っていると喜びます（笑）。

石井　私もお弁当を作りますが大変なんです。毎日のことなので、色合いも栄養価も飽きさせないようにしなきゃいけないいし、何よりもお弁当箱のスペースを埋めなきゃいけない（笑）。そんな時のひとつのローテーション

として重宝しています。

●美味しさの本質は「いい素材」

熊谷　本当にお弁当には欠かせません。それも、子どもたちが大好きだからこそなんですが、どうして子どもたちはみんなイシイのミートボールを愛してやまないとお考えですか？

石井　それは大変難しい質問です（笑）。実は同じことを50周年の企画のなかでいろいろと議論をしてきたんですよ。当然、味付けとか、大きさとか、パッケージとかって、いろんな要因があるのですが、やっぱり本質的には「いい素材」だと思っています。よく野菜嫌いのお子さんが、地方に行って採れたてのきゅうりを食べたら「美味しい！」と言ってパクパク食べるみたいな話がありますよね。それに近いんじゃないかと。

我々も生産者の方たちと本当に密にお話をして、どうやって鮮度を良くするかにもこだわって作っているんです。

お客様から「偏食で何も食べてくれない子どもがミートボールだけは食べてくれた」と

いう声を本当にたくさんいただくんですね。やっぱり素材の良さを、敏感な子どもの舌で感じ取ってくれているんじゃないかと思います。

熊谷　鮮度の良さがわかるんですね。ちなみに千葉県の産物も使っていますか。

石井　季節によって変わる部分もありますが、ミートボールやチキンハンバーグにも長生《ちょうせい》郡白子《しらこ》町の「白子玉ねぎ」は使っていますね。

熊谷　それは嬉しいですね！「白子玉ねぎ」は本当に絶品ですから。白子町は九十九里に面していて、海のミネラルを含む大地で育った玉ねぎは肉厚で糖度が高く、非常に人気がありますよね。全国でも珍しい「玉ねぎ狩り」が体験できるので、毎年その時期を楽しみにしている方も多いです。ところで、「ミートボール」のレシピというのは、ちょくちょく変わっているんですか。

石井　ええ、ちょくちょく変わります。マイナーチェンジは都度やっていますし、メジャーバージョンアップは6回やっているんです。小さいものを含めたら複数回の変更を行っています。

そして50年通してやってきたことが、「素材のアップデート」と「素材を引き算する」という取り組みです。ミートボールのメインの素材は、鶏肉、玉ねぎ、パン粉なんですが、そのメインを良くすることで、それ以外の素材をなるべく抜いて、素材本来の味で勝負するというのが私たちの調理の考え方なんです。

熊谷　メインの原材料の質を上げつつ、シンプルにしながら、美味しさをずっと向上させていったということですか。

石井　そうです。最近の例を挙げると、ミートボールの原材料に「しょうがペースト」と書いてありますよね。以前は、「生姜汁」をうちで作って使っていたのですが、サプライヤーの中に私たちよりも「しょうがペースト」をうまく作れるところがあったんです。そういったところと協力しあうことで、より美味しく、より生産的になりました。

もうひとつ例を挙げます。同じく現在は「有機トマトペースト」と表記されていますが、2023年から有機トマトを使うようになりました。パッケージの右上に「アルチェネロ」と書いてあるのですが、これはイタリアのオーガニック農家の先駆者なんです。彼らはオーガニック農業を30年以上やっているメーカーさんで、まずは彼らのトマトペーストを使用しながら、我々もオーガニック農業の産物を活用していく取り組みを進めているところです。

●引き算の考え方から生まれた「無添加調理」

※石井食品の製造工程においては食品添加物を使用していません。

熊谷　子どもが大好きなものだからこそ、身体にもいい素材を使いたいということなんでしょうね。そういう意味では１９９７年から、食品添加物を使用しないことにしたというのも同じ考え方からなのでしょうか。

石井　これはそう単純な話でもなくて、説明が難しいところでもあります。我々は決して食品添加物を悪いものだというふうに考えているわけではないんですね。創業者はむしろ食品添加物の研究者でもあり、科学技術のひとつであるという考えでやってきたからです。しかし１９９０年代に入って、「食品添加物ありきの食品加工」になってしまったことに対して、もっと違う調理のあり方はないのかという模索がはじまりました。

食品添加物が高機能であるがゆえに、工夫が減ってしまった背景があるんですね。色味付け、保存、殺菌。食品添加物に頼ればいろいろな要望が解決できてしまう。ただし、素材の良さを打ち消してしまうデメリットがあります。良い素材をどう美味しく調理するかを大事にしたいので、食品添加物を使わない調理法というのを作ろうと、１９９７年に決めました。

一度そう決めると、いろんな工夫が生まれるんですよね。それこそ殺菌工程のやり方や、色味を失わないようにするにはどうすればいいか、様々な工夫が進んでいきました。その結果、「良い素材が手に入れば、より美味しいものを作れる」という結論に達して、食品添加物だけでなく、抜ける素材は抜いていこうという考え方になっていきました。我々は「引き算の考え方」と呼んでいます。

食品添加物の問題点のひとつは、お客様にとってはよくわからないものが原材料に入ってしまっていることなのだろうと思います。そのひとつひとつの良し悪しの話ではなく、わからないことが不安を招く。それであれば、我々はなるべくご家庭で使っている原材料や調味料だけを使って食品を作ることが、お客様の安心につながるだろうという考え方です。ですので、食品添加物ではないですが、たとえば「〇〇エキス」といったご家庭で馴染みがないものは使わないようにしています。

熊谷　大変な企業努力ですね。「ミートボール」が愛されている理由を垣間見ることができました。「引き算の考え方」は食品加工の会社としては大変なことでしょうね。

石井　正直、大変です。普通は、食品添加物の機能をうまく使いながら、「足し算」をしていると思いますが、私たちは「引き算」。できるだけ素材そのものの美味しさを出すために、シンプルにする、抜いていくという考え方は、日本料理っぽいんですよね。

熊谷　たしかにそうですね。元来、日本料理は素材の良さを活かした味を目指してきましたよね。そういう話を聞くとますます「手作りの代行」という言葉がぴったりと当てはまります。

石井　素材の美味しさをシンプルにということを突き詰めていくと、食べつづけても飽きない味になっていくんです。

熊谷　これはけっこう重要なポイントだと思いますね。美味しいと思っても、毎日とか毎週とかは食べられない、というのもありますもんね。

石井　やっぱり毎日外食とか、毎日豪華な料理って飽きるときは来るじゃないですか。でもお母さんやお父さんが作ってくれた料理は毎日食べても飽きないというのと近い。ミートボールは毎日食べても美味しい、お弁当に毎日入っていてもいいと言っていただけるのは、そこからつながっているのだと思います。

●現地に行くのが「厳選素材」の鉄則

熊谷　そうなると、食材選びがより重要ということになりますよね。いろいろとこだわりがありそうですが、どのように厳選しているのでしょうか。

石井　素材を厳選するためには、サプライヤーさんや生産者さんとの関係性をどう築いていくかが重要です。生産者の方たちに、私たちの考え方を理解してもらうことが非常に大事なんです。たとえば「引き算の考え方」は、食品加工の業界では、ユニークというか、ちょっとエッジが立っている。ですので、その部分に対して、「いいね」と賛同してもらえる方たちと一緒にやっていくことを大切にしています。

もちろん課題がたくさん出るんですが、それをどう乗り越えるかという過程のなかで素材が厳選されていくのだと思います。

ところで、ミートボールの主原料である鶏肉なんですけど、普通に料理として考えるとおかしいと思いませんか。

熊谷　そう言われればそうですね。チキンハンバーグというのもあまりほかでは見たことがありません。

石井　そうですよね。実はもともと我々が鶏肉メーカーさんと懇意にしていて、鶏肉を美味しく食べる研究からはじまったんですよ。当時、ブロイラーが育てられはじめた時代だったんですが、それまでは地鶏が主流でした。地鶏は硬いけれども味が濃い。でも「ブロイラーは味が薄くてまずい」って言われていたらしいんですね。そんななかで柔らかいという特徴を活かして、どう美味しく食べるかといろいろなものを開発したなかで生まれたのがチキンハンバーグだったんです。そして、ミートボールはその発展型です。

熊谷　歴史としては、チキンハンバーグがあって、その後、ミートボールが誕生するんですね。

石井　そうなんです。その後も鶏肉メーカーさんと一緒に、どう鶏肉を美味しく食べるかという研究にずっと取り組み続けています。それが「厳選素材」というところにつながっています。ですから、国の内外を問わず、産地には必ず行くのが私たちの会社の鉄則です。

チキンハンバーグ
盛付イメージ

それは商社さんから仕入れている場合も例外ではありません。やはり産地をちゃんと見に行って点検してくるというのは、基本ルールとしてあります。

熊谷　私も現場主義を大事にしているので、その気持ちはわかります。データで把握していたとしても、実際に現地を見ることでしかわからないものはありますよね。素材を厳選していくにあたって、社員の皆さんを含めて、「現地を見る」のを積み上げてきたことがどのように役立っていますか。

石井　そうですね。やはり現地に行くといろんなことがわかります。最近は鶏肉に限らず日本各地の生産者さんと話すことが多いのですが、玉ねぎひとつにしても地域によって違いがあります。どう使ったら美味しくなるかという素材の活かし方が微妙に違うんですよね。そうしたことを吸収して改善していくことで、より美味しくできるということが感覚としてわかるようになりますね。

熊谷　素晴らしい取り組みです。農業産出額が全国4位の千葉県は玉ねぎに限らず、素材の宝庫です。ぜひ、これからも千葉県の生産者が丹精こめて生産した県産農産物を使っていただければと思います。

●食物アレルギー配慮でビジネス的に強くなる

熊谷　石井食品さんは食物アレルギーに配慮した食品にも注力しているそうですが、どういう思いで取り組んでいるのですか？

石井　私が入社する前なので、もう10年以上前になりますが、食物アレルギーを持つお子さまがとても増えている現実がありました。乳・卵・小麦が食べられないとなると、子どもが好きなものがほとんど食べられないという状況で、日常生活が本当に大変なんですね。隣の子が食べているものが食べられないとなると、食への関心も失ってきてしまうらしいんですよね。

メーカーとして何ができるかと考えたとき、やはりアレルゲンが含まれていなくて、隣の子が食べているものを一緒に食べられるというのを目指そうと。そこで「いっしょがいいね」というフレーズを掲げて、我々の得意とするミートボール、チキンハンバーグをはじめ、様々な商品からアレルゲンを取り除きました。

具体的には食物アレルギー配慮の「おせち」があるんです。本当に「いっしょがいいね」を体現していて、そのお重の中のものが何でも食べられて、大人が食べても普通に美味しい。食品メーカーとしてできることが具現化できたと考えています。

もちろんコストもかかりますし、正直、ビジネス的に難しい部分も当然あるのですが、メリットもあるんです。「コンタミネーション」、我々は略してコンタミと言うのですが、食品加工会社にとって永遠の課題ともいえるのが「異物混入」への対策です。たとえば、髪の毛が混入したら信頼を失いますし、虫の混入も同様です。食物アレルギー配慮というのは、究極的にコンタミを起こさない工場や、起こさない技術を生み出す側面もあるんです。そういう意味では、弊社のスキル底上げにもなっていますし、社会的な意義もありますし、今後ビジネスを強くする要素になると確信し

食物アレルギー配慮おせち「イシイののぞみ」(2025)

ています。

熊谷　なるほど、目先だけでなく将来も見ているんですね。アレルギーに悩むご家庭から、喜びの声とか感謝の声も届いているのではありませんか。

石井　それは本当にありますね。ミートボール、チキンハンバーグもありますが、おせちに関しては、切々と心情を綴ったお手紙をいただくこともあります。それと、食物アレルギーを卒業された方もいらっしゃるんです。子どもの食物アレルギーは多くの場合、幼少期までに良くなるとされているので、そのときに感謝の言葉をいただいたことがありますね。

熊谷　うちの子も卵アレルギーで、本当に少量ずつ食べられるように試していって、今は食べられるようになりましたが、卵が食べられないというだけでもこんなに制約があるんだと、いろいろ苦労してきました。

千葉市長としても食物アレルギーのある子どもたちの視点に立った取り組みを推進するために、県内で先駆けて「学校における食物アレルギー対応の手引き」を２０１２年（平成24年）に作成しました。だから辛い時期に、美味しく食べられる食品を作ってくれたことへの感謝というのは本当によくわかります。

石井　ミートボールについて言えば、先ほど話が出た無添加調理のもととなった「引き算の考え方」を追求するなかで、結果的に乳成分と卵を抜いているのです。ですから、食物アレルギー配慮の工場で作っているわけではないので、完全な検査をしてはいないのですが、ある程度の重度の子でも食べられるようにはなっています。そういう意味でも、食物アレルギーがある多くのお子さんに食べてもらえる商品へとアップデートしています。

●サプライチェーンの再構築は「契約から信頼へ」

熊谷　昨今は為替相場の変動や、エネルギーコストの高騰、物価高など、食品メーカーにとっては厳しい条件が重なっていると思いますが、周辺環境の変化は感じていますか。

石井　これはもう本当に難しい局面にあるのですが、私は、サプライチェーンが大きく変わる時代に入っていると捉えています。

日本はこれまでのデフレのなかで、「なるべく安く大量に作る、けれど美味しくはない」となりがちなサプライチェーンを作っていったのですが、これがもう限界を迎えて、どんどん破壊されています。時代に合わせてサプライチェーンを再構築しなければならない。いいものを作る生産者にちゃんと利益を還元するという、これまで見落とされていたことをやらないといけません。

熊谷　まったくおっしゃるとおりだと思います。サプライチェーン全体が共存共栄の関係でなければ持続可能な社会は構築できません。生産者や下請け事業者など現場に近い立場の人ほどしわ寄せが行きがちですので、千葉県ではサプライチェーン全体の共存共栄を目指す「パートナーシップ構築宣言」を県内企業に呼びかけるなど、適切な価格転嫁に向けて取り組みを強化しています。

石井　我々は「信頼関係のサプライチェーン」と呼んでいるのですが、契約関係ではなくて、信頼関係のなかで、利益についてもより良いサプライチェーンを構築する必要があると考えています。

昨今、消費者が何にお金を出すかという価値観が大きく変わってきていると思います。食に関しても、ひと頃は食費をひたすら削ればいいというものでしたが、口に入れるものだからこそ、どこから来たものか、どういうものなのかをわかったうえで選択したい。ですから、いくつかの選択肢を用意して、それをお客様にしっかりと伝えることが必要なフェーズだと思っています。

熊谷　そのうえでしっかりと価格に転嫁できれば、最終的には消費者にも生産者にも利益を還元できるというわけですね。それは本当に大事なポイントですし、長らく我が国を支配してきた〝安かろう、悪かろう〟という雰囲気を変えていかないといけません。

石井　安い海外生産物とまともに戦ったら本当に国内の生産者がかわいそうですよね。そうではなくて、どういう思いで素材を作っていて、なぜ美味しいのかを伝えていくことが大切で、それもまた食品メーカーの役割だと思います。これからも生産者さんの考え方もしっかり伝えていきます。

●子どもに胸をはれる仕事か

熊谷　信頼関係のサプライチェーンというのは、素晴らしい考え方だと思います。特に食品メーカーが信頼を裏切ることがあると、大変なことになってしまいますよね。少し前だと集団食中毒と牛肉偽装事件を起こした雪印しかり、最近では紅麹問題の小林製薬しかりです。日々の緊張感は大変なものだと思いますが、その重責とどのように向き合っているのでしょうか。

石井　難しい課題です。熊谷知事と同じで私もＩＴ業界にいたのですが、ＩＴ業界ならワンミスで人命にかかわるということはまずないですよね。でも食品は、ワンミスが命取りです。しかも、たった一人の悪意でも事故が起きかねない。食品会社に入って切実にそれを感じています。

ですので、単純に一人ひとりの活動やマインドをどうやって育てていくかというのがすごく重要だと思っています。我々はいくつかの行動規範を定めているのですが、その中のひとつに「子どもたちに胸をはれる仕事にする」というのがあるんです。日々、決断しながら活動する際に、子どもに胸をはって言えるかどうか、自分の子どもだけでなく、周囲の子どもに、日本の子どもたちに対しても言えるか。それを基準にしようということです。社員の皆さんにも問いかけますし、私も決断するときは、それを軸に置いて毎回行っているところです。

熊谷　それは政治に通ずるところもあります。今の時代は何かあったとき、ものすごく増幅されるように思うんですよ。それは食に対する日本人の思いの強さなのかもしれないのですが、初動対応を間違えると長く国民の記憶に悪い印象が残ってしまいます。どんな事件だったかは覚えていないけど、事件を起こしたイメージだけは残り続ける。おそらく雪印の関係者はそのイメージを払拭するために相当の努力が必要だったと思います。

石井　そうですね。雪印の話が出ましたが、当時会長だった父が言っていたことを覚えています。終戦直後の食品メーカーは、食べられそうにないものでも、なんとかして美味しく食べられるようにする。しかも保存が利くものを作るというのが命題だった。だから、多少衛生状態が悪くても最終的に食べられればいいじゃないかっていう考え方が根底にあったと。なるほどと思いました。

ところが時代が進み経済が発展して、社会の常識や衛生観念が変わっているのに、業界や会社が対応できていなかった。そんななかで、衛生の問題で内部告発が起こったり、偽装問題が起きたりしたということなんですね。

企業活動は様々な問題を処理していきますが、こんなもんでいいやとか、これは仕方ないよねみたいなことが生まれると思うんです。その積み重ねが大きな事故につながってしまうんですよね。我々も今のやり方に甘んじないで、もしくはこれぐらいでいいやということが本当にいいのかと、日々どれくらいアップデートできるかが勝負になると思います。やはり、子どもに胸をはれるかどうかです。

●つなぐことで「惜しい」千葉県を活性化する

熊谷　この対談の冒頭で、全国の人たちは石井食品が千葉の会社だとは意外と知らないと言いましたが、千葉県民の多くは石井食品の本社が船橋市にあることを知っています（笑）。ところで、船橋市に本社がある背景を教えてもらえますか。

石井　もともと創業者の石井毅一は茂原市出身なのですが、戦中に船橋市に住んでいたため、船橋市に電気工場を建てたんです。戦後を迎えて、工場を火事で失いゼロスタートになったとき、周りを見渡すと食べるものがまったくない。でも工場の跡地があって女性従業員がたくさんいて、少し行くと港があって海産物がたくさんある。それらの条件を組み合わせて今やるべきことは食品製造だと事業を転換したのがはじまりなんです。船橋市の海産物を使い、美味しくて保存の利くものを作ろうと考えて、佃煮をはじめたというのが創業です。それ以来ずっと船橋市に本社を構えて製造しております。

熊谷　そういう背景があったんですね。石井社長は船橋市に深い思いがあるし、船橋市の経済界代表としていろんなことに取り組んでいて、「船橋愛」を感じます。

石井　祖父の家も船橋市にありましたし、私も船橋市生まれ船橋市育ちですし、やっぱり船橋市という土地に対しての親近感や愛着というのはすごくあります。

熊谷　石井社長はベンチャー起業家の支援など、船橋市や地域の活性化に幅広く取り組んでいますよね。千葉県では起業支援に取り組んでいますし、そのなかで先輩経営者からの助言やスタートアップ同士での相談・交流が行われるコミュニティの形成を目指しているので、石井社長の取り組みに感謝しています。

石井　そうですね。私がIT業界にいて、スタートアップの界隈にもいたという背景もあるのですが、スタートアップだからできることと、逆に弊社のようなレガシー地域企業だからできることということというのがあると思っています。スタートアップは、新しいアイディアやエネルギーという点で優れています。一方、我々は、創業から79年続いていることで蓄積された技術や、信頼とともに千葉県内に築いたネットワークを持っています。それをどう組み合わせるかがテーマのひとつだと思っています。「競争」というより、お互いの補完関係ができる「共創」関係になるべきだと強く思っています。実際、積極的にお付き合いをするようになってたくさん刺激をいただきますし、それによって新しいものが生み出せるということもあると思います。

熊谷　船橋市や千葉県の地域活性化に関しては、どのような所感をお持ちですか。

石井　千葉県ってすごく「惜しいな」って感じていますね。千葉県民として生まれてずっとそう思っていて、こんなにいい素材がたくさんあるのに、それが地域や県の活性につながっていないなという感覚がずっとありました。それは石井食品に入ってもやっぱりすごく感じました。

逆に言うと、いい素材、いいプレーヤー、いい行政もそれぞれあるので、それらがつながれば、先ほど言ったベンチャーと老舗の補完関係と同じように共創関係ができて、その過程でまた千葉県の新しいものが生まれてくるというのをすごく期待しています。

それにはそれぞれの業界の垣根を越える必要があります。我々は食品業界なら多少の付き合いがありますが、それ以外はほとんどお付き合いがありませんでした。ぜんぜん違う、たとえばクルマ関連の企業とか、交通インフラの会社さんとか、薬品会社さんとか、そういった異業種の方々との交流によって、様々な社会課題のなかで共創できることがたくさんあると思います。まさに熊谷知事が今やられていることですが、そのネットワークとかつながりをどう作るかというのがすごく重要だと考えています。

熊谷　はい、県としてもコミュニティ形成に取り組んでいますし、私個人としてもこれからの千葉県経済を支えていくであろう方々との勉強会を定期的に行っています。業種や立場を超えて、千葉が大好きな人々の思いをつなげるハブになれるよう意識しています。そういうものを重ねていくと、いろんなことが起きてくると思うんですよね。

●企業としての雇用と地域産業振興による雇用

熊谷　改めて考えると、石井食品には千葉県の雇用創出という面でも貢献していただいています。

石井　船橋市に本社がありますし、八千代市に工場も構えている会社ですので。これからも我々と一緒に働いていただける方を増やしていけたらと思いますが、私たちの会社だけでは当然限界があるので、先ほどもお話ししました生産者とのネットワーク、千葉県内の新しいサプライチェーンの構築で、いろんな仕事や雇用が生まれてくると考えています。そのなかで結果的にビジネスも生まれるし雇用も生まれるでしょう。

雇用は人数だけの話ではなく、どのように成長機会を作るかというのも重要だと思っています。当然、弊社で活躍して、「卒業」する若手もいるのですが、そういった方たちが、できれば千葉県内の別の会社で活躍して、また機会があればうちの事業にかかわっていただけたらと思います。弊社の中で閉じるのではなく、どう循環させていくかっていう、この人材の循環ということも、すごく重要なのではないかと考えます。

熊谷　食品業界というのは、やはり産業として裾野が広いので、できる限り千葉県のなかでチャンスを与えてもらえれば、雇用の増加にもつながりますし、千葉県の子たちにとって成長機会にもなります。

石井　今は逆に千葉県内の良い人材が、東京都内に取られてしまっているかもしれません。

熊谷　だからこそ「石井食品に入りたい」「千葉県の会社に入りたい」という若者たちをつくりたいわけです。「東京に行かなくたって、ここに素晴らしい職場があるじゃないか！」って。

石井　都内に1時間かけて通わなくても、面白いチャレンジができる会社があるよというのは、弊社の売りだと思いますね。

熊谷　市原市の「姉崎だいこん」を使ったハンバーグの開発も、その「面白いチャレンジ」のひとつでしょうか。千葉県は大根の収穫・出荷量ともに日本一を誇りますが、市原市の姉崎地区で栽培されている「姉崎だいこん」はブランド大根のひとつなので、注目しています。

石井　まさにそのとおりです。弊社では今、「第4創業期」と銘打っていまして、佃煮からチキンハンバーグ・ミートボールに変わったぐらいの大きな変化を起こすと社内外に発信しています。その柱のひとつが地域生産者との共同開発であり共創関係です。

先ほど触れた「白子玉ねぎ」もそうですが、「姉崎だいこん」を使ったハンバーグもその代表格です。地域の産物から新しい美味しさを生み出していくことが最大の課題ですが、たとえば「姉崎だいこん」の農家さんとの関係が密になると、さらにいろいろな課題が出てくるんですよね。「姉崎だいこん」をどうブランド化していくかであったり、生産者の技術レベルをどう上げていくかとか、新規就農者をどう増やしていくかとか、加工場の問題とか、素材によってはどう保存するか

地域の産物とのコラボ商品

▲姉崎だいこん

とか……。我々は食品加工だけでなく、地域の困りごとに対してどのように役に立てるかもテーマのひとつになると思っています。

そういう意味では弊社の工場だけではなくて、将来的にはその地域のなかで1次加工ができるような場所というのも、何らかの形で作っていくことで需要を掘り起こし、雇用を増やすこともできます。美味しいものを作るという産業を育てて、地域貢献していけると考えています。

熊谷　ありがとうございます。千葉県は様々な農産物で全国トップクラスの生産量を誇っていますが、ブランド化や付加価値を向上させて、生産者の所得を向上させる余地はまだまだあると考えています。石井食品さんの取り組みも参考にしていきます。

●千葉県と非常食供給の協定を締結

熊谷　地域貢献といえば、2022年10月、石井食品は千葉県との間で災害時の非常食供給に関する協定を締結していただきました。協定の内容のひとつ目が、「災害発生時に、石井食品から食品の優先供給を受ける」こと。レトルトのリゾットなど非常食や、ミートボール、ハンバーグなどの食肉加工品が優先供給する物資の例として挙げられています。内容のふたつ目は、「県は、石井食品が行う被災者救護活動に対し、必要な情報を提供する。予防啓発など、平時における取組みも検討する」としています。千葉県としては本当にありがたいことです。

備蓄の食料というと、正直、「美味しくないけれども食べられるだけありがたい」みたいなイメージがありますが、私も何回か食べましたけど本当に美味しかったです。

石井　ええ、食品メーカーなので、やっぱり美味しさにはこだわりがあります(笑)。

熊谷　そんな災害時への対応について、どのように取り組まれているか教えてください。

石井　東日本大震災のあと、食品メーカーとして災害に対して何ができるのかということを議論しました。そこで美味しい災害食、防災食を作ろうということになり、まず約5年保存可能なおかゆと佃煮のセットを作りました。当時は水なしでそのまま食べられる非常食がなかったので、大きな反響があり、賞などもいただきました。

その後、京都の京丹波工場に食物アレルギー配慮工場を持っているので、食物アレルギーの子どもたち、大人たちでも食べられる非常食を作ろうと商品開発をしました。

当然それはビジネスとしてやってきたのですが、同時にビジネスとは別の支援活動として、災害が起こるたびに被災地に支援物資を届ける活動もしていました。そのなかでふたつ大きな問題があることがわかり、それに対応する活動もしてきました。

ひとつはこちらから災害の支援物資を送っても受け入れが難しいということ。全国から一斉に物資が届くと行政の危機管理課も大パニックになっています。行政側も一人ひとりが被災者になるなかで、支援物資を受け取って細かいニーズに合わせて配るのはなかなか難しい問題なんですね。受け入れ先とつながる形を我々がどのように作っていくかが課題だとわかりました。

そこで最初の一歩として、一般財団法人日本笑顔プロジェクトと、真言宗豊山派のお寺

協定締結式の写真。災害発生時には、石井食品から非常食などの優先供給を受ける協定です。

の青年部の方たちと協定を結びました。真言宗のお寺は基本的にどの地域にもあるので、お寺のネットワークを使って非常時の情報収集をし、本当に何を送るべきなのかを聞き、それをお寺に送ってお寺から配ってもらうというネットワークをひとつのモデルとして作っています。

実際に災害時の取り組みを経験してわかるのは、平時のネットワークが非常時に生きるということ。非常時に何か新しいネットワークを作っても、信頼関係ができていなければ機能しないのがわかりました。お寺だけでなく、民間企業や行政とも協定を結んでいましたが、平時の活動を活発化させました。食のいいところは試食会ならすぐにできること。

非常食セット

そういう交流のなかで関係者との信頼関係ができるので、非常時にもスピーディーに情報収集や意思伝達ができるようになります。ぜひ千葉県や市町村ともやっていきたいと思います。

熊谷　おっしゃるとおりです。私たちは数々の災害の教訓から、協定を締結したり、相互の窓口を通して平時からコミュニケーションをとることの重要性を理解しています。活動でわかったもうひとつの問題はなんでしょうか。

石井　もうひとつは、そもそも「非常食」は食べてもらえないということなんです。被災地に入って、被災者の皆さんから話を聞くたびに、「非常食」という文字すら見たくないとおっしゃるんです。これは衝撃的でした。たとえ避難所の中にいたとしても、人は心を「平常」にしておきたいのでしょう。「非常」と付くものを遠ざけておきたいので、本当に食べるものがないとき以外皆さん食べません。

他の理由としては、単純に美味しくないとか、食べてお腹を壊したとか、トイレに行きたくなるからとか、とにかくいろいろあって非常食は食べられていませんでした。また、カップ麺による摂取カロリー過多や野菜不足を訴える声もありました。

そこで、今までの非常食という概念にとらわれない、もっと被災地を明るくできて、楽しみにできる食事作りが必要だということになりました。その成果のひとつが「ｐｏｔａｙｕ（ぽたーゆ）」という野菜のおかゆです。よく見ないと非常食とはわかりません。それよりも回復食と銘打って、風邪のときに食べてもらうというのがメインのコンセプトです。

常温保存のミートボールとチキンハンバーグは、もともと自衛隊向けに作っていたものです。自衛隊の方が普段食べているものを食べたいというご要望があり開発しました。それは被災地の方々も同じ思いだったわけです。普段食べている冷蔵のイシイのおべんとクンミートボールに似たパッケージにして、普段から販売していくなかで非常時でも使えるというものを今年２０２４年2月に売り出しました。

熊谷　万が一、災害に遭っても美味しいものが食べられるのは心強い限りです。もっと広く知ってほしい商品ですね。

●シビアな質問にもほっこりした答えで返す

熊谷　ところで、２０２２年の3月、当時のＴｗｉｔｔｅｒ（現Ｘ）に一般の方から、「イシイのミートボールが小さくなった、数も減った?」といった内容の質問がありました。それに対して石井食品の公式アカウントが「じ、実は…イシイのミートボールはずっとサイズを変えておりません　よくこのようなお声を頂くのですが、みなさんが大人になった証拠なのかな、と思って笑顔でツイートを拝見しております　笑　みなさんの子どもの頃の記憶に結びついているのは嬉しいです…！」とほっこり路線でリプライしたのがバズりましたよね。１００点満点の返しだと思うのですが、誰が考えたんですか。

石井　ＳＮＳの発信は社内の担当者が行っているのですが、どういう発信をするか、どのように返事をするかは、社内のチャットツールで議論しているんです。ひとりの担当がパッと返したわけではありません（笑）。もと

もと弊社カスタマーサポートのセンターがあって、相談や、お褒めの言葉、お申し出などを電話で受け付けていまして、いろんな問答の蓄積があります。小さくなってないかとか、「ステルス値上げ」じゃないかというのはいただくことがありました。

私は先代からずっとそういうことをしてはいけないと言われ続けてきました。実はミートボールの大きさも、子どもが一口ではのみ込めないギリギリの大きさと決めています。これ以上小さくしてしまうと、のどに詰まるという問題が起こり得ると、開発当時から研究していますのでそんなに簡単に小さくできないんですよね。

そういうこともあり、「していない」ことは保証できますが、どう返しましょうかという相談があって、SNS担当、カスタマーサポート、あと私も入って、電話ではこう返していますとか、いろんなやりとりをしました。SNS担当が最後にこの少しほっこりする感じで結論を出してくれて、それが結果的にバズりまして、びっくりしました(笑)。

熊谷　石井食品にみんなが期待しているイメージに、マッチしたという感じがしますね。アットホームな感じで良かったと思います。SNSはやはり共感のメディアですから、みんなが幸せになる、共感できる発信が求められますね。私も全国の首長のなかではSNSを活用している側ですが、行政的な施策の説明よりは、世の中で注目されている出来事やプライベートに絡めて県の魅力や政策を発信した時のほうが何倍、何十倍も関心を持ってもらえますね。最後に、石井さんのお子さんはおいくつになりましたか？

石井　4歳になりました。

熊谷　じゃあ、かわいい盛りですね。石井食品さんのミートボール食べていますか？

石井　はい、食べています（ニッコリ）。もういちばんの審査員ですから（笑）。わかりやすいですよね。まずいって言うか、美味しいって言うかドキドキしています。

熊谷　うちも子ども2人がいちばん厳しい審判です。やっぱり子どもに胸をはれるかが大事ですよね（笑）。今日は貴重なお話をありがとうございました。

常備食
いつでもチキンハンバーグ
常備食
いつでもミートボール

Tomoyasu Ishii

石井 智康（いしい ともやす）

石井食品株式会社 代表取締役社長執行役員
1981年生まれ。2006年に早稲田大学を卒業。同年6月にアクセンチュア・テクノロジー・ソリューションズ（現：アクセンチュア）に入社。ソフトウェアエンジニアとして、大企業の基幹システムの構築やデジタルマーケティング支援に従事。2014年よりフリーランスとして、アジャイル型受託開発を実践し、ベンチャー企業を中心に新規事業のソフトウェア開発及びチームづくりを行う。2017年、祖父の創立した石井食品株式会社に参画。2018年、代表取締役社長執行役員に就任。地域と旬をテーマに農家と連携した食品づくりを進めている。認定スクラムプロフェッショナル。
※本対談は2024年8月に行われたものです

石井食品の様々な取り組みがわかる
公式HPはこちら！
https://www.ishiifood.co.jp/

千葉発、和食の力で日本と世界の健康を守る

堀切功章《ほりきりのりあき》さん

（キッコーマン株式会社 代表取締役会長／経済同友会監事）

熊谷俊人 ×

千葉県野田市で創業し、今や世界的な食品メーカーとして、日本そして世界の食を支えるキッコーマン。現在も研究所や工場を野田市に構え、日々研究・開発や生産を行っています。

日本の食や子どもたちの健康を守るため、どのような観点で研究・開発を行っているのか。和食の魅力を伝えるためにどのような取り組みを行っているのか。

さらには千葉県が進めている「発酵県」としての挑戦への共感などについて、キッコーマン株式会社 代表取締役会長・堀切功章氏との対談で明らかにしていきます。

●安全から信頼へ、信頼から安心へ

熊谷　江戸時代から醤油を造られているキッコーマンですが、若い県民の方の中には、「キッコーマンが千葉県創業の会社である」という歴史をご存じない方もいるようです。我々としては醤油と発酵技術の大切さや先人から受け継がれてきた知恵などについて県民に知っていただき、誇りに思ってほしいと常に思っています。

堀切功章会長（以下、堀切）　ありがとうございます。会社だけでなく、私は身内もみんな千葉県なんですよ。もう亡くなっていますが、私の母のきょうだいは銚子、成田。私は流山《ながれやま》。父も流山です。

熊谷　そうでしたか！　公私ともに千葉とご縁があるのは嬉しいですね。さて、この本のメインテーマのひとつが「安全・安心」なのですが、食品はまさに「安全・安心」が大前提だと思います。安全・安心を食品メーカーとしてどのように意識されているのか、日々どのような研究をされているかというところと、それから日本の食や健康を守るという観点から教えていただけますか。

堀切　安全と安心は、同じようでぜんぜん違うんですね。私どもは人の口に入るものを

扱っていますから、安全であるというのは絶対条件です。現実には製造過程でいろいろな問題も発生しますが、それをいかに極小化するか、常に製品事故ゼロを目指して励んでいます。

そうした安全があって、そのうえで初めて安心があります。いくら安心を言っても安全でないものはまったく認められない。安心というのは、これはお使いいただくお客様が、キッコーマンの製品を信用して初めて成り立つものです。

熊谷　たしかにそうですね。これは非常に重要なポイントになると思います。というのも、まずは安全がベースにあって、そのポリシーのようなものが適切なコミュニケーショ

ンによってしっかりと伝わることで、それが信頼となり、安心へとつながる。そうした一連の仕事が大事なのだということですね。

堀切　はい。「キッコーマンの製品だったら大丈夫だ、安心だ」という、そういう信頼。これは私どもの先祖から、３００年の時を重ねて築いてきたものだと思うんです。それは我々が今後も絶対に守り、かつそれをさらに確実なものにしていく使命があると思っています。

熊谷　歴史の積み重ねによる信頼感というのは間違いなくあると思います。

堀切　信頼は一朝一夕にできるものではなく、日々の積み重ねだと思うんですよ。だからブランドなり、そのブランドが作り出す製品なり、そういったものに対する信頼というのは、本当に薄紙を積み重ねていって、厚みを増していくものなんですね。

でも、そういった信頼も何かひとつ齟齬《そご》が起きると、あっという間に崩れてしまいます。積み上げていくのには時間と努力が必要だけれども、崩れるときはあっという間です。我々は、その怖さを常に持って、慢心してはいけないということですね。

熊谷　そうですね。私もよく職員に伝えているのは、「正しいことをやっていればいいということじゃない」ということです。「それを積極的なコミュニケーションによって県民に伝えなきゃいけないんだよ」と。県民から預かった税金で県民のためにどのような施策を行っているか、その思いも含めて、今はコミュニケーションによって伝えなければならない時代になってきていると感じます。県民に伝え、県民の声を聞く、その積み重ねによって信頼を積み重ねていく。信頼されなければ、県の施策によって安全が確保されていても、それが県民の安心につながりません。

今の時代、行政が正しいことをやるのは当たり前。加えて、それをいかに県民に理解してもらうか、信頼してもらうか。知事は、県民の代表として選ばれ、県民感覚を踏まえながら、公務員で構成される県庁組織の中で職務を行います。それだけに責任は重いと日々感じます。堀切会長がおっしゃるとおり、積み重ねた信頼も、崩れるのはあっという間というのは真実です。私はいつも他の行政や政治家の不祥事やコミュニケーション不足によるミスを見る度に、仮に千葉県庁で起きた場合、どのように対処することが正解だったのかと、自分の中でシミュレーションを行うようにしています。

●ソイソースとは別ものの「キッコーマン」

熊谷　キッコーマンは今や欧米でも大きなシェアを誇りますが、国内での信頼は勝ち取ったとしても、海外に進出されたときはもっと大変だったでしょうね。外国では知られていない会社であり、知らない調味料、しかも発酵させたものですから。どのように信頼、安心を勝ち取っていったのでしょうか。

堀切　ここに至るまで、我々の先輩が大変な苦労をしたわけです。醤油というのは我々が食生活の中で日常的に使う調味料ですが、日本食の調味料ですから海外に持っていってもそのままではまったく伝わらないわけですね。

１９５７年にまず北米でマーケティングをはじめました。もう今から70年近く前です。

今でこそ、寿司、天ぷら、ラーメンなど日本の食文化はすっかり北米で人気になっていますが、その頃はまだアメリカのローカルの人たちにはまったく馴染みがありませんでした。せいぜい西海岸の日本から移住した人や、アジア系の人たちに受け入れられていたくらいです。ローカルの人たち、特に白人の人たちにはまだ浸透していませんでした。そこで我々の先輩が何をやったかというと、「オールパーパスシーズニング（ALL-PURPOSE SEASONING）」だと言ったんですね。要するに、醤油というのはどんなものにも使える調味料だと。

どうしてそういうアプローチをしたかというと、「ソイソース」と差別化したかったからですね。当時、ソイソースといえば、中国系の醤油（ジャンユウ）を意味していたんです。今でこそ本醸造もかなり増えてきましたが、当時の中国系の醤油は基本的には化学的な製法でした。一方、キッコーマンは半年以上微生物が働いて熟成させて造る日本の醸造醤油。要するにコストがぜんぜん違うわけです。実際、香りも旨みもぜんぜん違うのですが、店頭では同じ棚に並べられて、こっちは値段が5倍ぐらいする。当時は日本から運んでいましたから輸送費もかかりましたし。

だから我々の先輩たちは「ソイソース」とは別ものの「キッコーマン」とブランドで勝

負したんですね。そして、「オールパーパスで何にでも使える」と。店頭では醤油で味付けした肉を焼いて、いわゆる試食販売をやった。そうすると醤油のアミノ酸の焦げた非常に香ばしい匂いがあたりに漂いますよね。これは一体何だと聞かれたら、「キッコーマン」だと答える。寄ってきて食べた人はかなりの確率で並んでいるキッコーマン醤油を買っていったそうです。

●醤油を使えば総塩分摂取量が減る

熊谷　試食販売というアイディアが素晴らしいですね。たしかに最初は安心も信頼もなにもないのは当たり前で、まずは存在を知って

アメリカ進出当時の試食販売の様子

もらわないとはじまらないですもんね。そのときに、まず香りでお客さんを呼んだというのがとても面白い。

実は、私がドイツ・オランダ訪問で、オランダのワーヘニンゲン市にあるキッコーマンの研究施設に行った際に、非常に興味深いと思ったのが、やっぱり醤油の香りの話だったんですよ。「塩分の摂り過ぎに注意しましょう、減塩しましょう」という話になると、「醤油も減らしたほうがいいのではないか」というイメージが持たれる中で、「むしろ積極的に醤油を使ったほうが総塩分摂取量を減らせる」という研究があると教えてもらいました。「発酵県」を進める千葉県としては、多くの県民、国民に申し伝えたほうがいいなと思いました。会長からもこの研究について詳しくお話ししていただけますか。

堀切　醤油はご承知のとおり、微生物が働いて発酵させる過程で旨みとか、香りとか、それから色といったものができあがってくるわけですね。これは人工的にできるものではない。それだけに非常に複雑な香り、あるいは旨みが渾然一体となって醤油になっているので、それが食材に与える影響というのもまた複雑で深みがあるんですね。

健康志向の中で、塩分の過剰摂取が強調されることも多く、特に「日本人は塩分を摂りすぎだ」ということが言われますよね。でも、美味しさを感じる中で塩分が果たす役割というのはとても大きいものがあります。

我々は美味しい減塩醤油の開発にも日々努めていますが、先ほど知事がおっしゃったように、醤油を使うことによって総塩分摂取量を減らせるということを研究していますので、ぜひ皆さんにも知っていただきたいと思います。

そして研究もいろいろあるのですが、アメリカでもウィスコンシン大学と共同研究して論文にして出しているものは、たとえばソーセージを作るときに、欧米の人は普通、塩とコショウを使いますよね。この塩を醤油に置き換えるとどうなるか。そうすると醤油の旨みや香りがあるため、トータルでの塩分量を削減できるというものです。つまり、「塩による味付けより、醤油を使うほうが総塩分摂取量を減らすことができる」というのは研究により証明されているんです。まあ、我々のアピールが下手なのかもしれませんが、どうしても醤油は塩分が多いと目の敵にされがちなのですが、むしろ日本の発酵調味料である醤油や味噌を使うことで美味しさがアップして、それによって塩だけよりも総塩分摂取量を減らせるということは、これはもう胸を張って言いたいと思います。

熊谷　この研究は県民だけでなく広く日本全体に積極的に伝え、「醤油を使うことで減塩を実現できる」という事実を知ってほしいですね。

Ref.：McGough MM., Sato T., Rankin SA., *et al. Meat Science*, 91, 69-78(2012)

加工肉食品における本醸造しょうゆの節塩効果の検証

目的

食塩含量の多い加工肉食品においても、本醸造しょうゆが食塩摂取量低減に効果があるかを調べた。

研究の内容

アメリカにおいて、フランクフルトソーセージで一般的に用いられる食塩の一部を、加熱してプロテアーゼ活性を失活させた本醸造しょうゆと置き換えて被験者に提供し、嗜好性が変化しない量を確認した（被験者数：50人以上）。
その結果、同等以上の味強度、満足度で、総食塩摂取量を低減できることが分かった。

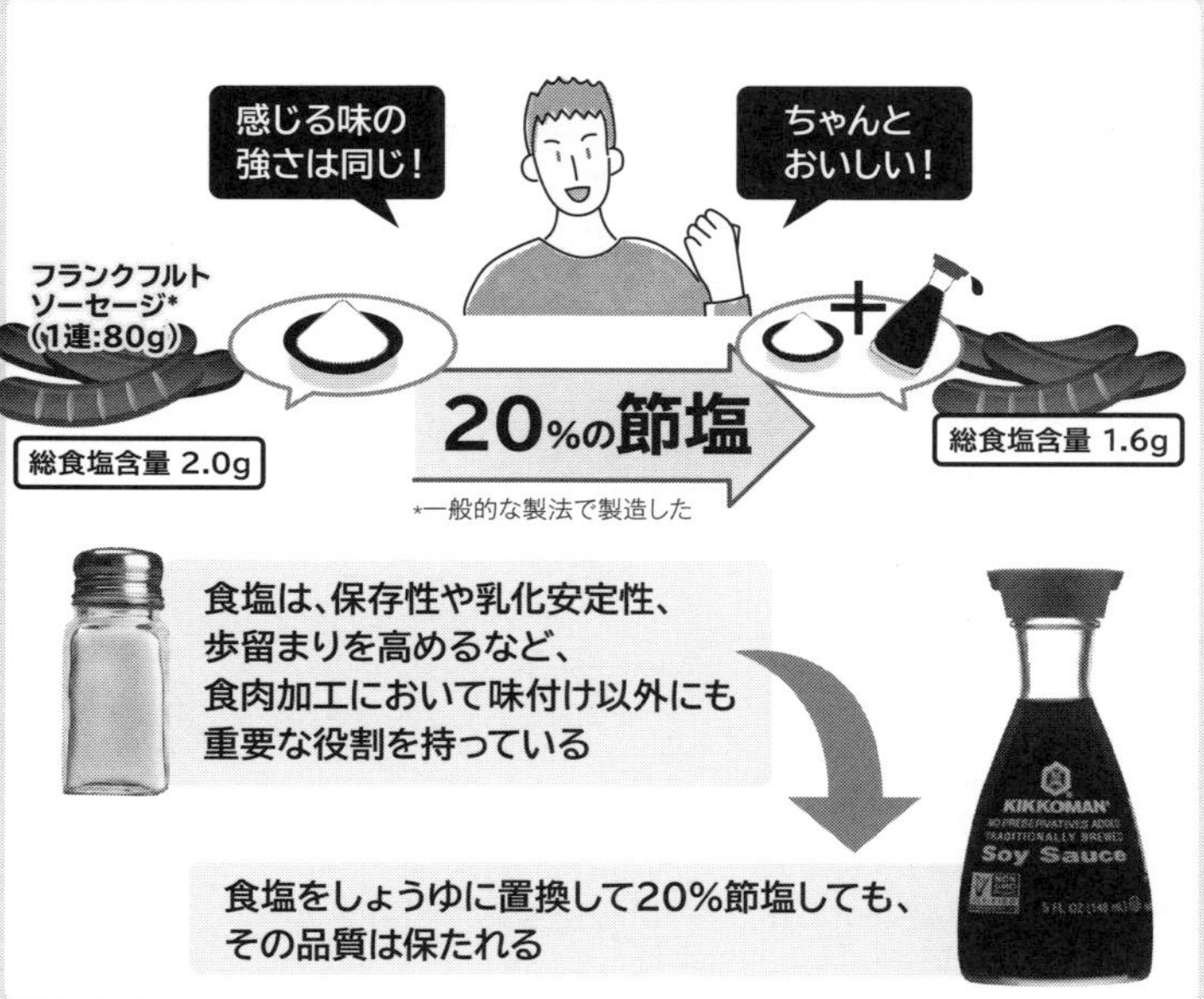

＊「キッコーマンしょうゆの節塩効果に関する研究結果のご紹介」より

堀切　我々は減塩への取り組みもしていますが、減塩だけでなく「適塩」という考え方も重要だと思います。知事がおっしゃっていたオランダでは、ワーヘニンゲン大学と共同研究をしているのですが、塩分が人に与える影響には、悪い影響も良い影響もありますので、そのあたりの研究も進めています。

ただ、適切な塩分というのは、その人その人によって違うと思うんですね。たとえば、昔から東北地方で醤油の使用量が相対的に多いのは、農作業など労働で汗をかき、身体が塩分を欲するからというのもあるでしょう。漬物に代表されるように塩分が多い傾向がありますが、それは身体が求めているという側面もあるからなんですね。

熊谷　地域によっても、人の行動によっても適切な塩分量は違うということですね。私もランニング大会に出たあとなど、運動をしたあとはやはり身体が塩分を欲していると感じます。

堀切　しかし、今の都会の生活ですと、移動も便利になっているし冷房もほどよく効いていますし、汗をかかないので、昔の味付けのままだったらそれは塩分過多になるのは自明の理です。必ずしも塩分をただ減らすのではなくて、減らしてもより美味しく健康的に、適塩で生活することが大事なんだと思います。

●3つの企業理念と「食を通して健康に」

熊谷　「すぐれた発酵食品である醤油を使って、塩分摂取量を減らしましょう」というのは目から鱗の発想ですよね。我々も情報発信にあたり大いに参考になります。

さて、先ほども「信頼を得るには日々の積み重ねしかない」という、とても示唆に富む言葉をいただきましたが、食を司《つかさど》る企業においては、当然、社員教育にも力を入れているのではないかと思います。どのような点を大切にしていますか。

堀切　私どもには確固たる経営理念があり、会社に入るときには会社の経営理念をしっかり理解してもらっています。最近では、「パーパス経営」などと呼ばれているのでしょうか。昔から、まずは経営理念というものがあると徹底していました。

当社の経営理念は3つあります。まず「『消費者本位』を基本理念とする」。先ほどお話ししました、安全なのは当たり前で、あとは日々の努力によってお客様に信頼される製品を作っていくことで、安心していただく。この「消費者本位」がいちばんの基本理念です。

2つ目は、「食文化の国際交流をすすめる」です。現在グローバルに醤油の世界を広げようとしている中で、醤油をひとつの手段として、食文化の国際交流をしていこうというものです。たとえばアメリカではステーキに醤油はもう定番ですし、醤油を使った「テリヤキソース」もポピュラーです。ヨーロッパにはもともとバターやチーズといった発酵文化があるので、醤油との相性はいいんですよ。

それから3つ目は、企業として社会的責任を果たすということで、「地球社会にとって存在意義のある企業をめざす」です。この3つの経営理念を、日々の仕事を通じてやっていくこと、やり続けていくことですね。

加えて、食品企業ですから、皆さんに食で健康になってもらおうという思いを全社で共有しています。薬ではないので、「健康に良い食」というよりは、「食によって健康である」という状態がいちばん良いのではないかと思います。たとえば、すっかり定番商品として定着した豆乳は、そういう思いで展開しています。またいわゆるレシピですよね。「今の時期はこういう食材をこうやって調理すると美味しいですよ」というような提案を、お客様との情報交換といったことを通じて、それが社会貢献につながるというふうに考えています。

熊谷　食を通して健康にというのは、とても日本的だと思うんですよね。海外の行政関係者と交流すると、よく「住民に健康になってもらうにはどうすればいいのか」という話題になるのですが、日本では普通な考え方である「食を通して健康に」というテーマは彼らにとってはけっこう意外なようで、すごくよく響きます。何か世界の中では独特な価値観なのかもしれないですね。

堀切　日本の食が健康的だということは、むしろ世界中の人が認めていますよね。安い、美味しい、安心。だからでしょうか、今、日本に来る海外の方たちの目的は、観光よりもむしろ食のほうが上回っているというような話も聞きます。本当かどうか、統計データを持っているわけではないのですが、よくテレビで海外からの観光客の方たちを取材する様子を見ていると、「どこどこのラーメンを食べに来た」とか、「どこどこの何を食べに来た」と、もうそれがメインで来ている方もいるぐらい、海外の方の日本の食に対する注目度は高いようですよね。

熊谷　日本人の食に対するこだわりというのは外国にはだいぶ知られてきていますので、僕ら行政にもわざわざ研究に来ます。食を通して住民の介護予防ができるかだとか、健康政策について教えてほしいなど。そういう意味ではさらに注目されつつあるのかなという感じがしています。

堀切　ましてや千葉県というのは、海外から注目されて然るべきです。私が言うのもおかしいけれども、海があって山があって平野がある。すべての条件が整った土地ですから。魚介類だって酪農だって農業だって何でもありますよね。昔は〝江戸の台所〟と言われたぐらいですから。日本の食文化をまさに代表している県じゃないかと思います。

●和食とは郷土料理の集合体

熊谷　今の千葉が目指すのは〝世界の台所〟ですね。堀切会長とは以前に市川市でセッションをやらせていただきましたが、あのとき堀切会長が、「和食って何かというと、特にこれだという定義はなく、それぞれの土地ごとに根付いた食文化のことであって、そこがまた和食の魅力だ」ということを話されていた記憶があります。改めて、和食の魅力とはどのようなものだと考えていらっしゃいますか。

堀切　そのときもお話ししたと思うんですけれども、和食の定義というのは「これが和食だ」といったようなものはないんですよね。たとえば京料理とか、懐石料理みたいなものが和食であるって一言で表現できるかというと、これができない。なぜできないかというと、ユネスコの無形文化遺産の定義というのは無形であることがひとつの条件なんですよね。無形であるということは、固有名詞で語れないわけですよ。

じゃあ和食って何かというと、「郷土料理の集合体」ではないかと思うんです。北は北海道、南は沖縄まで縦に長いこの列島で、山があり、川があり、谷があって海があるという、自然に恵まれた日本の領土の中で、地域、地域でいろんな産物がとれる。さらに四季というものがあって、その四季折々に旬の食材がある。旬のときに食べるのがいちばん美味しくて、いちばん安いんですよ。旬の食材を使ったその土地その土地の料理があり、行事や催事に合わせた料理がある。正月だったらおせち料理、節句には節句の料理と、催事や生活に密着した食がある。それを総合し

「和食」のユネスコ無形文化遺産登録を記念したパネルディスカッションを開催

て、和食、和食文化と呼ぶのでしょう。だから私はそれを言い換えて、「郷土料理の集合体」と言っています。郷土料理をもっと因数分解すると、一つひとつの家庭の味になる。それが和食の魅力じゃないでしょうか。

そういう観点で言うと、千葉県というのは非常に恵まれた土地と、それから雄大な自然があり、そしてなんといっても、マーケットがある。需要がないと、供給が育たない。供給がないと需要も育たない。これは相互関係ですから、そう考えると、日本中見回してもなかなか千葉県みたいなところはないんじゃないかと思いますね。

熊谷　千葉って首都圏（1都3県）の県で面積もいちばん大きいんですよね。ですから千葉とひとくくりにしても、南と北とでとれるものもぜんぜん違うし、育てているものもぜんぜん違う。日本列島の縮図みたいな県で、だから本当にいろんな食材が楽しめる、いろんな和食が楽しめるんですよね。

●グローバルになっても製造の中枢は野田にあり

熊谷　少し会社の話も聞かせていただきたいと思います。今もなお、野田に積極的に投資を続けていただいていますが、創業の地である野田もしくは千葉県への思いについて聞かせてください。

堀切 言うまでもなく、私どもは野田、流山という地域で創業して、そこから発展して、今のキッコーマンになったということなので、我々にとってはいわゆるホームタウンなわけです。今はグローバルに展開していく中で、たとえば生産量に限ってはアメリカのウィスコンシン州の工場がいちばん大きくなりましたし、オランダ、シンガポール、台湾、中国、それからブラジルと世界各国に生産拠点があります。そうやって広がっていく中で、それらを束ねる元はどこかというと野田なんです。

また現在の本社機能は東京なり、海外は各々のエリアにありますが、それは事業発展の過程でそういうことになったのであって、現在も野田には生産機能と研究開発機能の中枢があります。

熊谷 ルーツを大事にしていただいて、私たちにとっても大変ありがたいことだと思っています。私も野田に来るといつも感じることがあるんですよ。それは、「大きな川に隔てられた水運の町である野田になぜキッコーマンがあるのか」ということです。地理、歴史、経済それぞれが全部一体になっているので、子どもたちに説明する教材としてすごくいいなと。

堀切　川がなかったならば、ここまで当社は発展しなかったでしょうね。川があったから、大都市である当時の江戸に半日で商品が運べた。陸路だったら、2日か3日はかかったでしょう。

熊谷　もちろんアクアラインもなかったわけですし、液体は重いですからね。

堀切　そういう意味では利根川、江戸川、そして荒川と、私たちは川の恩恵というのを非常に強く受けていると思いますね。

●千葉県初の水道事業はキッコーマン

熊谷　川、水、ということで言うと、醤油を

キッコーマンしょうゆを製造する野田工場

造るうえで水というのは本当に欠かせないものかと思います。キッコーマンは過去に水道事業を手がけたという歴史もあるんですよね。水環境の保全にも取り組まれていると聞いておりますので、そのあたりのことを聞かせてください。

堀切　酒造りと同じで、醤油もやっぱり水なんですよね。水が発酵物に及ぼす影響というのは非常に大きいんです。たとえば、関東と関西では食の文化が変わりますよね。西は「昆布だし文化」、東は「かつおだし文化」です。これなどは、水の質の違いで変わってくるという見方もできます。このように水が製品づくりに与える影響は非常に大きい。利根川と江戸川に挟まれたあの地域で非常にいい取水ができたということも、醤油造りが発展した大きな理由だと思うんですね。それは今の時代も変わらないわけであって、水という資源が我々にとっていかに大事かということを常に考えています。

水には創業当時から最大限の注意を払っていて、工場内に井戸を掘り、浄水処理設備を整えました。醤油造りに必要となる以上の浄水能力を備えたということで、１９２３年（大正12年）に水道事業を開始しました。野田の一般家庭向けにも給水をはじめました。これが千葉県内では初の水道施設だったそうです。私が会社に入った１９７４年にはまだ「水道課」があって、１９７５年に野田市に移管するまで約半世紀、野田市の水道事業を一企業が請け負っていたんです。

熊谷　キッコーマンのおかげで、野田市に住んでいる人が千葉県でいちばん早く水道に接することができたと。意外と最近までやっていたんですね。

堀切　大まかに言いますと、100年前にはじめて50年前までやっていたということです。今、水道事業は野田市が請け負っていますが、それほど我々にとって水というのは、絶対条件だということです。だからこそ、水環境の保全に関する取り組みには力を入れています。川からでも地下水からでも、我々が使った水を排水するときには、取水したとき以上に綺麗なものにして返すという考え方でやっています。国の排水基準よりも厳しい基準を社内で設けて、「水にお返しする」ということは徹底して継続しています。

●創設は江戸時代！　キッコーマン総合病院

熊谷　その思いは多くの県民に届けたいです。地域との関わりという意味では、野田にあるキッコーマン総合病院についてもぜひ伺いたいと思います。かつては大企業が病院を経営するケースも見られましたが、実質の経営母体が代わるなどして、どんどん減少していると思います。医療事業を継続しているのはどういった考えによるのでしょうか。

堀切　おそらく食品企業で病院を経営しているのは当社だけだと思います。おっしゃるとおり企業立病院自体がだいぶ減っていて、もうほとんどないと言っていいほどです。正直に言うと病院経営というのは、けっこう難しいんですよね。収入源である診療報酬とか薬価は、自分では決められないですから。

では、なぜキッコーマンが病院を経営しているかというと、もうこれは生い立ちをたどっていくしかありません。江戸時代になりますが、野田のエリアは一族が合同して醤油造りをしていて、醤油の城下町と言われるほど、非常に多くの人が働いていました。幕末の1862年（文久2年）に、使用人のためのいわゆる厚生施設として養生所が設立されました。それからだいたい50年後の1914年（大正3年）、大正天皇即位の記念事業として養生所を病院化しました。

キッコーマンの会社設立は1917年（大正6年）ですから、病院のほうが歴史が古いんですよ。

熊谷　醤油造りをしていた醸造家の皆様方が共同で設立されたということですか。

堀切　そうです。まずはみんなでお金を出し合って、使用人たちのための養生所をつくっ

1914年に設立した野田病院（現在のキッコーマン総合病院のはじまり）

2012年に移築されたキッコーマン総合病院

たのです。ですからもちろんはじめは総合病院のような規模ではなかったのでしょうが、野田市の人口も増えてくるに従って市民の方々に開放していきました。現在では、患者さんのうち社員は5％未満で、95％が社員以外。そういう意味では、地域医療を担わせていただいている責任もあるし、なんとか赤字にならないように、続けていけるだけ続けていくという思いです。

●「食べることは生きること」。食育への思い

熊谷　設立の経緯も教えていただいて、本当に感謝にたえません。東葛北部圏域における重要な医療機関として機能していただき、ありがとうございます。

もうひとつキッコーマンさんの社会貢献として、子どもたちへの「食育」に非常に熱心に取り組まれていることがあります。工場見学も積極的に受け入れていただいています。食育に対する考えについてもお聞かせください。

堀切　もともと工場見学は昔から、もう私の子どもの頃にはすでに、いろんな小中学校を受け入れていました。私は同年代の人に「小学校のとき、野田の醤油工場に行ったんだ

よ」というようなことをしょっちゅう言われるんですよ（笑）。70代、80代の方からも言われます。子ども時代の思い出はいつまでも残るものなんですね。

当時はまだ現在のように工場をオープンに開放するという企業は珍しかったのかもしれません。今はもういろんな工場が、むしろ積極的にオープンであろう、体験をしてもらいその企業のファンになってもらおうとしているようですね。

食育については、ご存じのとおり、当時の小泉純一郎内閣が提唱して2005年に食育基本法が成立しました。子どもたちだけでなく大人も含めて、食育によって国民が生涯にわたって健全な心身を培い、豊かな人間性を育もうというのが主旨です。

我々もこれからは食育が非常に大事になると考えていましたので、2005年、法律ができる前からキッコーマンとして「食育宣言」を公表し、以降はそれにのっとって活動をしてきています。

工場見学も、より食育に焦点を当てるようになり、ただ単に醤油がどのようにできるかというのを見るだけではなくて、実際にどう造るのか、その工程を体験してもらうなど、体験型への意識を強くするようになりました。

またそれとは別に、「出前授業」も積極的に行っています。うちの社員が先生になって、各地の小学校・中学校へ出かけていき、授業のコマを1時限もらって、醤油の話をさせてもらっています。非常に地道ではありますが、食べることとは生きることなので、子どもたちが食に対して興味を持ってもらえるよう努力しています。今、食料の安全保障問題が言われている中で、農家の方がどれだけ苦労して作ったものなのか、それを自分たちがどう食べているのか、それが自分の健康や世の中にどう影響を与えているのかというようなことを、学びとってほしいという思いで続けています。

熊谷　工場見学も大変ありがたいことですし、社員の皆さんが学校に来ていただけるというのは学校現場としては最高の「生きた教材」だと思うんですよね。そうしたことに社員の方の時間を割いていただけるというのは本当にありがたい話だと思っております。

堀切　新型コロナウイルスの感染拡大期間、2年間以上になりますが、残念ながら出前授業はできなかったんですね。ただその間に逆に光明となったことがあって、今までなら遠くてなかなか行けないような地域にも、「オンライン出前授業」ができるようになったんです。

熊谷　なるほど。そういう意味では対象の学校の幅が広がり、教えてもらえる子どもたちも増えたということですね。

堀切　はい、そうなんです。キッコーマンはもちろん一企業としてやっていますし、私は日本醤油協会の会長でもあるのですが、各醤油会社も同じような取り組みをしています。醤油ひとつをとっても、食べるということの意味を考えてもらう機会になるのではないかと思って続けています。

●微生物とともに歩む

熊谷　話は少し戻るのですが、千葉県では、今「発酵県」と銘打って、発酵をテーマに情報発信やPRを行っています。

千葉県は国内の醤油出荷量の約35％を占め、大手メーカーであるキッコーマン、ヤマサ醤油、ヒゲタ醤油などが千葉県に本社を構えています。さらに、千葉県の流山市が白みりんの発祥地とされており、醤油と並んで江戸の食文化に大きな影響を与えました。千葉県は今もみりんの生産量が日本一で、4割近くと圧倒的なシェアを誇っています。

ほかにも、千葉県は酒蔵の数も多く、清酒製造量も上位ですし、日本の酪農発祥の地として、チーズ工房の数が全国上位です。また、産業面では県として「かずさＤＮＡ研究所」を開所し、バイオ・ライフサイエンス関連の産業集積に取り組んでいます。歴史的にも、そして現在の産業面においても全国屈指の発酵県と言える状況です。

堀切会長からは千葉、それから日本と発酵の関わり、そして発酵文化が世界にどういうふうに響くかについて、お考えをお聞きしたいです。

堀切　私は技術系ではないので、発酵のメカニズムなどはあまり詳しくありませんけれども、発酵の定義を一言で言うと、「微生物の働きによって有機物が、人間にとって有用性のあるものに変わること」なのだそうです。この微生物の働きというのが、すごく重要なポイントなんです。

「マンジョウ」ブランドの本みりんを製造する流山キッコーマン

微生物には働きやすい環境というものがあるんですが、それは高温多湿です。日本の気候が多湿であるということが、微生物の働きやすい環境を作っています。それで昔から、味噌だ醤油だ漬物だと、各地で大いに食文化は発展を遂げてきました。

現在、醤油は農水省のＪＡＳ規格でこいくち、うすくち、たまり、さいしこみ、しろの５種類に分けられていますが、実際のところはもうその土地その土地でいろんな種類の醤油があるわけです。九州に行けばすごく甘い醤油があるし、日本海側だとアミノ酸混合の醤油も残っているし、それから関西はうすくちですし、中部地区はたまり、関東はこいくちという具合です。これもおおまかに言っているだけで、実際はもっと複雑に細分化しています。

だから一言で醤油と言っても非常に多様性があって、その多様性というのは、先ほど申し上げた和食と同じで、その土地その土地に適した気候風土の中で造ってきたからこそ、そういう多様性が生まれているということなんですよね。

あと発酵文化、発酵食品というのは、おそらく世界でも日本が一番たくさん種類があるでしょうし、我々も日常的に食べている食品だと言えるわけですね。アメリカやヨーロッパにも発酵はありますし、チーズやヨーグルトは発酵食品です。ただ調味料として発酵食

品を使うというのは、なかなかイメージできないし、わかりにくい。アメリカの食における調味料は、もともと塩コショウがベースです。発酵した調味料というのは彼らにとってもすごく目新しいものなのだと思います。日本の発酵文化は世界に誇れるような文化なんじゃないかと思います。

熊谷　人間の腸内にいる微生物が健康にとって欠かせないということが解明されるにつれて、「食を通して健康に」というテーマの本線に発酵食品の摂取が挙げられるようになりました。それこそまさに生き物の歴史が科学の積み重ねによって解明されてきた。食をさらに健康なものへと変えていく力が発酵食品にはあります。僕らとしては、海外の人たち、日本の人たちに向けて、僕らの食文化の誇るべきポイントとして、また日本が世界で戦える領域のひとつとして、発酵の力を感じてほしいと思っています。

堀切　これは、一歩先へ進めていくといわゆるバイオサイエンスになっていくんですね。微生物を人間がコントロールできるようになると、そういう可能性も出てくるわけです。

昔、野田には創業家の蔵がたくさん点在していました。現在は、2カ所、3カ所に集約していますが、昔はもっとあちこちに蔵があったんですよ。そこで働く蔵人さん、要するに蔵で醤油を造っている人たちが、よく「お蔵様」という言葉を使っていました。お蔵様とは何かというと、どういうものかはわからないけれど、確かにその蔵に昔から住んでいるもの。だから神様なんです。我々が純粋培養してコントロールできた菌に、「キッコーマン菌」というのがあるのですが、それだけではなかったんです。昔は現在のように微生物を管理下に置いていたわけではなく、オープンの状態で造っていました。桶やタンクでは自然菌が働きます。だから同じキッコーマン印の醤油でも、蔵によって微妙に違いました。もちろん一般の消費者にわかるような違いではないけれども、プロには、「あ、これはどこの蔵の醤油だ」とわかったそうです。

熊谷　キッコーマン創業家8家をはじめ、野田の各地で江戸時代から醤油醸造が行われていた歴史を感じるエピソードですね。

堀切　フランスのワインは、その地域だとかブドウだとか造られた年とかで、ヴィンテージや原産地統制がありますが、そういう意味では醤油だって、その年の気候条件によって微生物の働き方が違う。現代の夏のように暑い日が続くと菌が疲れちゃうんですよね。そうすると働きが悪くなって色が早く濃くなったりすることがあります。冬が寒すぎてもダメです。今はそれを密封式の設備の中で人間がコントロールして、微生物がいちばん働きやすい環境を作っています。だから冬はマイナス20度になるアメリカのウィスコンシン州でも、一年中30度のシンガポールでも、同じ品質のものを造ることができます。でも昔は、そうやってコントロールできない部分が数多くありました。しかしそれが、いろんな土地の特徴ある発酵食品、醤油だ味噌だということになっていたんですね。

熊谷　今まさにおっしゃった昔の技法での醤油造りも絶やすことなく続けていると聞きました。大変な手間やコストがかかったとしても続ける理由は何でしょうか。

堀切　これは、今申し上げた、「人間がコントロールできない部分」を残しておきたいからなんです。

野田に「御用蔵」といって、宮内庁に納める醤油を昔ながらの製法で造っている蔵があります。原料も全部国産で、昔ながらの1年熟成させるサイクルで造っています。これは技術保存的な部分も大いにありますが。

熊谷　いつか産業遺産になるようなものをずっと大事に継続されているということですね。一度絶えたらもう終わり。これを続けているというのは、歴史を大切にされていることなのだと感じます。また醸造技術の発展とともに微生物をコントロールできるようになり、それがバイオテクノロジーとして、醸造や発酵といったところにとどまらず、それ以外のいろんな産業に応用できるようになってきました。

僕らも「発酵県」と名乗っていますが、食だけに限らず、様々なバイオテクノロジーに

宮内庁に納める醤油を造る御用醤油醸造所（通称：御用蔵）

も県として科学的に力を入れていこうという考え方に基づいています。発酵は、先端産業とも親和性があるということも、私たちとしては重視していて、その研究拠点としてかずさDNA研究所を県として支援しています。

堀切　まさに発酵というのは古くて新しいものだと思うんですよね。ですから、そこをどう、人間がコントロールできるようにしていくかによって、人間社会にとってさらに役に立つような技術になっていくんじゃないかと思います。

熊谷　本当に学べば学ぶほど、古来の人たちが経験則でここまでたどり着いたことに敬意を抱きます。

堀切　そうですね。それはもう試行錯誤の繰

り返しだったと思うんですよ。発酵というとすごくいい響きなのだけれど、ほんの少しの違いで腐敗になってしまいます。同じ微生物でも、腐敗させるような微生物がそこに入ってしまったら、もう腐ってしまうわけです。これは必ずしも微生物の種類というだけでなく、微生物が働いている時間をコントロールするということもあるんですよね。漬物なんかはそうです。腐る直前がいちばん美味しかったりするんです。乳酸菌がいちばん美味しくなったりしてね。

それはもう先人の経験で、ここがいちばんうまいな、これを超えると腐敗しちゃうなと、やってきたんです。

熊谷　そんな塩梅《あんばい》も食の奥深さであり、面白さだと思います。

●江戸川の河原が原風景

熊谷　先ほど、ご親類も皆さん千葉県内にいらっしゃるということでしたが、堀切会長の千葉県のお気に入りスポットや思い出の場所を教えてください。

堀切　私はやはり江戸川なんですね。今もとうとうとした流れがありますけれども、子どもの頃は工場の中に屋敷があったので、家の目の前の土手を上がると、そこに江戸川が流れていたんですね。泳ぎはしませんでしたけれど、よく釣りをしました。そういう思い出がずっとありますね。うちの父が釣り好きだったので、利根川、佐原のほうにも釣りに連れて行ってもらいました。私にとっては川が非常に思い出深く、ことあるごとに思い出します。今も実家に帰ると、たまに土手に上がります。ずいぶん景色が変わり、埼玉側には高い建物も増えました。昔は、正月なんかに行くと、富士山が綺麗に見えたんですよ。今もマンションの間に少しは見えますけどね。あとは、子どもの頃よく夏休みに行った、銚子や館山の海の景色でしょうか。懐かしいですね。

熊谷　それが堀切会長の原風景なんですね。

堀切　原風景ですね。目に浮かびます。

熊谷　夕暮れどきの河川敷の景色は独特ですよね。

堀切　ただ、これは知事がいつも心を痛めていることだと思いますが、川には災害がつきものでした。私が子どもの頃は護岸整備が今ほど進んでいなかったから、もっと低かったんですよ。あのあたり江戸川の左岸は、今でもハザードマップでは真っ赤っかなんですが、昔は「水面下」って言われていました。あそこが決壊するともう全部水浸しになりました。

今みたいなゲリラ豪雨なんていうのはなかったけれど、台風だとか大雨だという予報が出ると、夜中でももう工場の人がみんな総出で土嚢を積んだりしていましたよ。

話は川の思い出から逸れてしまいますが、災害という面では、房総半島も2024年正月に発生した能登半島地震とそれに続く9月の豪雨災害に学ばなくてはなりませんね。半島は交通が分断されて孤立するリスクがある。能登半島の復興が遅れているのは、資材を届けられなかったり、必要な人手を送り込めなくなったことが大きかったですから。

熊谷　河川や海に面していることは古来から物流の面では優位性がありましたが、おっしゃるとおり災害リスクにも直面していると言えます。千葉県では長年、国や周辺都県と連携して利根川や江戸川を含めた各河川の堤防整備などに取り組んできました。

房総半島は東京湾を守るように立地しています。最近では東日本大震災を受けて外房地域の津波対策、そして能登半島地震を受けて同じ半島県として孤立集落対策などを行っています。

私は高校時代に阪神淡路大震災を経験しており、危機管理・防災についてはとくに重視して取り組むようにしています。

●千葉県の付加価値を上げる

熊谷　せっかくの機会ですので、キッコーマンが、あるいは堀切会長が千葉県もしくは私に求めることがありましたら、伺えたらと思います。

堀切　キッコーマンがというより、私が千葉県に期待するのは、さらに千葉県の付加価値を上げていただきたいということです。

先ほど申し上げた災害に強くするというのもありますが、たとえば、勝浦とかあのあたりは、この異常なほど暑い現代の夏でも、気温が30度にならないと盛んに言われていますよね。自然も豊かです。

自治体運営について私が語るのも口はばっ

たいけれども、私のホームタウンの流山では、付加価値を高める取り組みが成果を上げているのではないでしょうか。井崎義治市長の取り組みによるものです。最初にやったのが、マーケティング課の設立。そんなものは、それまで地方自治に必要ないとされていたものでした。かつては国からの補助金をどれだけ持ってくるかという話が先に立ったようですが、井崎さんの発想はそうではなくて、住民が一体何を望んでいるのか、どうしてほしいのかを逆に聞き取った。これ逆に言うと、聞き取ったらやらなきゃならないから、すごくリスクなんですよね。でも住民が何を思って何をしてほしいかを聞き取りに行って、先手先手で手を打っていった。結果、今の「おおたかの森」を中心とする流山の発展は目を見張るものがあります。私が子どもの頃、せいぜい4〜5万人だった流山市の人口が、今は21万人ですから。

熊谷　はい。つくばエクスプレスの開業、そしてそれを見据えて県が進めてきた区画整理事業がベースにあるわけですが、これに加えて流山市の戦略が素晴らしかったですね。私も千葉市長時代から井崎市長とは交流がありますが、「流山市」と聞いたときに、森と緑のイメージを連想するようになったのは流山市が的を射た広報戦略を行うとともに、まちづくりにおいても、いかに緑を増やすかということを徹底的に意識して積み重ねてきた成果だと思います。

堀切　流山市と千葉県とでは、また話がぜんぜん違うことはわかっていますが、熊谷知事は千葉県の付加価値を高める才能をお持ちだと期待しています。

熊谷　ありがとうございます。市が住民の声を聞き取る、それに対して私たち県は市町村の声をしっかり聞き取って施策に反映させることが求められます。私は就任してすぐに54市町村すべてを訪問し、現場を見たうえで各地の課題の解決に向けて全庁横断的に取り組んでいます。千葉県は野田市や流山市のように東京に近い都市圏もあれば、農業や漁業・観光業が中心の圏域、さらには成田空港周辺のような世界に目を向けるべき圏域もあります。各地域の可能性を引き出すべく、それぞれ別個の戦略を立てて臨んでいきます。ほかにも全国の知事や市長と意見交換をしたり、ともに勉強会を行ったりすると、いかに千葉県が恵まれているかと感じます。千葉県の中では銚子、勝浦などは地理的に遠く、アクセスを強化するべく、銚子連絡道路や長生グリーンラインなどの道路整備を積極的に進めていますが、それでも東北エリアの方や西日本エリアの方たちからは「私たちよりよっぽど東京に近いよ」と言われます。

堀切　そうですよね。昔、私が子どもの頃、夏休みに館山へ行ったことがありましたが、まあ大変でした。当時は内房線が両国から出ていたんですよね。朝一番に両国に行って切符をとって、延々と4時間ぐらいかかったんじゃないかと。昔から比べれば道路網もできましたし。

熊谷　今はもう館山自動車道もできてですね、電車も速いです。本当に近くなりました。

堀切　近いですよね。アクアラインを使うと都内から木更津まで1時間かからないで行けちゃう。そこから1時間あれば館山まで行けちゃう。

熊谷　鋸南《きょなん》から館山あたりの地域は、東京に勤めている人も住んでいますからね。

今日は本当にありがとうございました。千葉県の付加価値をしっかり上げていけるように、また防災面も含めて取り組んでいきたいと思います。

●「豆乳愛」が実現した豊富なラインナップ

熊谷　そして最後に本書のワニブックス編集担当から、堀切会長に聞きたいことがあるということです。

担当　横から失礼いたします。実は2012年に『ヘルシー！豆乳レシピ』という本を弊社から刊行しておりまして、キッコーマンさんに監修をしていただきました。一般的に企業の監修本といいますと、出版社サイドで原稿やレシピを作って、念のため誤りがないかを確認したり、栄養に関する説明不足はないかなどをチェックいただくだけの形が多いものです。しかしこの本の場合は、本当にキッコーマンの社員の皆様からアイディアをたくさん出していただきまして、非常に深い「豆乳愛」を感じました。

堀切 ええ、豆乳愛が強いメンバーが揃っているんですよ(笑)。そういう人たちが中心になって、毎年「えっ?」と思うようなフレーバーを開発していますね。社内でも「何これ?」ってなる場合もあります。今年出したのが「ずんだ」です。ずんだって豆乳と同じ大豆じゃないって(笑)。でも、飲んでみたら、あのずんだの香ばしさがきちっと出ていて美味しいですし、実際、お客様の反応もすごく良かったです。ちょっと遊びすぎじゃないって、僕はたまに言うんだけどね(笑)。だけど、「食を通して健康に」という方向性には合致していますので、それはそれで話題性もあっていいのかなと。

担当 『ヘルシー! 豆乳レシピ』から十数年経って、非常にたくさんの商品がラインナップされ、スーパーでもたくさん売られている状況になりました。我が家は、私が麦芽コーヒー、妻はアーモンド、子どもはバナナ味と家族で毎日愛飲しています。

堀切　ありがとうございます。たしかに豆乳商品はたくさんあるのですが、メインは無調整豆乳と調製豆乳、ここなんですよね。今は改善されましたが、かつては身体にはいいんだけれど「青臭い」とか「大豆臭い」とか、その独特の臭みの影響で美味しくないというのが大体豆乳への反応だったわけです。それが製造技術の発展で臭みをなるべく取り除いた。それでこういったバラエティ豊かなフレーバー商品ができるようになったわけです。豆乳は美味しくないというイメージを変えるために、特に若い人たちに向けて話題性のあるものを作っていこうという分野ですので、今後もどんどん変わっていくでしょう。

Noriaki Horikiri

堀切 功章（ほりきり のりあき）

キッコーマン株式会社 代表取締役会長
／経済同友会監事

1951年生まれ。千葉県出身。1974年慶應義塾大経済学部卒、キッコーマン醤油株式会社（現キッコーマン株式会社）入社。1995年には、つゆや焼肉のたれの商品開発を担当するプロダクト・マネジャーに抜擢される。2002年関東支社長、2003年執行役員、2006年常務執行役員経営企画室長、2008年取締役常務執行役員、2011年代表取締役専務執行役員、兼キッコーマン食品株式会社代表取締役社長、2013年キッコーマン株式会社社長CEO、2021年6月から会長CEO。2023年6月から現職。2019年5月から日本醤油協会会長、2022年6月から食品産業センター会長、2023年6月から経済同友会監事。
※本対談は2024年8月に行われたものです

商品情報から、レシピ、企業活動、オンラインショップなど、
様々な情報が盛りだくさんの
「キッコーマン株式会社」公式ホームページです。
https://www.kikkoman.co.jp/

千葉から世界へ生活・安全・経済を空から守る

熊谷俊人

第3章

田《た》村《むら》明《あき》比《ひ》古《こ》さん ×

（成田国際空港株式会社 代表取締役社長）

１９７８年の開港以来、成田国際空港は日本全体の経済活動を支える重要なインフラとして機能してきました。

現在ではさらに経済のグローバル化が進み、国際的な人、モノの往来はかつてないほど活性化しています。それは同時に空港が日本の安全を守る大きな使命を持つことも意味します。

いかにして、日本、そして千葉県民の生活と安全を守っているのか。

成田国際空港株式会社（以下、ＮＡＡ）の代表取締役社長である田村明比古さんに聞きました。

●命と安全に取り組むＮＡＡの重要な使命とは！

熊谷　２０２４年1月2日、羽田空港滑走路上で日本航空（ＪＡＬ）の旅客機と海上保安庁の航空機が衝突し、ＪＡＬ機が炎上するという事故がありました。ＪＡＬ機の乗客乗員は無事に全員が避難したものの、前日に発生した能登半島地震の支援に向かう予定だった海保機に搭乗していた5人が死亡するという痛ましい事故でした。改めて多くの人が、当たり前のように毎日たくさんの飛行機が安全に離着陸していることのありがたさを理解したのではないかと思うのですが、まずはＮＡＡが命と安全についてどのように取り組んでいるのか教えてください。

田村明比古社長（以下、田村）　弊社では経営ビジョンの一番目に「安全を徹底して追求し、信頼される空港を目指します」と掲げています。言わずもがなのことですが、航空の世界は何を置いても安全第一ですので、当然、最重要項目として取り組んでいます。

成田空港にはたくさんの飛行機が飛び交い、たくさんの人が働いていますので、リスクはいろいろなところに潜んでいます。その安全に対するリスクをいかに先回りして管理していくのかが非常に大切です。私たちＮＡＡは、組織体制、その方針、計画、また現場に

成田空港は2023年の空港格付評価"WORLD AIRPORT RATING"において、最高評価となる5スターエアポートの格付を獲得　提供：成田国際空港株式会社

おける実際の手順——それら全部を含めて「安全管理システム」と総称していますが、その安全管理システムをＰＤＣＡサイクルで常に改善していくことを重要視しています。安全には、「これひとつで万能」といったようなツールはありませんので、みんなが決められたことをきちっと愚直にやっていくという、日々の積み重ねを大事にしています。

いわゆる〝ヒヤリハット〟というのは、日常的に起きているんです。滑走路や誘導路も長く使っていますと舗装に段差が生じてしまうことがあります。また、車両で走行していると、なぜか左に寄ってしまうとか、右の方にはみ出しがちだとか、そういう構造上の問題もあったりするんですね。そういう情報は現場からすぐに報告をしてもらって、その原因を詳細に分析します。

たとえば、段差を埋めるための工事を緊急でやるとか、構造上どちらか一方に寄りがちなのであれば目立つようにラインを引くとか、常に日々、情報交換を活発に行っています。空港にはいろいろな事業者の方々が働いているので、ＮＡＡだけでなく、みんなで協力をしながら情報を持ち寄って対処しています。

そして、その取り組みから得た知見を、社内の研修や訓練といった教育に活かしていく――そういうことで安全への意識を高めています。

熊谷　田村さんは２０１９年（令和元年）６月に社長に就任されて、幅広い視点で安全対策を見直されたと思うのですが、特に力を入れていることや、こだわっていることはありますか。

田村　安全対策というと、つい「みんなで意識を高めよう」という安全標語のような心構えの話だとか、「常に安全第一で行きましょう」という、精神的なところに結論を持っていきがちです。でも、先ほど具体例として挙げたようなハードウェア面が非常に重要じゃないかということを常々考えています。もちろん意識を高める努力はするけれども、単なる意識の啓発みたいなところにとどめずに、まだ意識が身に付いていないスタッフがいても、ふと意識が低くなってしまったとしても、事故が起きないような環境を作るのが非常に大事だと言っています。

熊谷　あまり属人的にするのはよろしくないですし、まったくそのとおりだと私も思います。あと、諸外国も含めた空港でのヒヤリハットや事故を受けて、成田空港でも「ここはちょっと気をつけよう」という取り組みはありましたか。

田村　２０２４年（令和６年）正月の羽田の事故まで、近年あまり大きな事故はなかったので、どちらかというと小さなことの積み重ねが多かったですね。国でも事故の中間とりまとめがなされましたが、今般の大きな事故のあと、やはりハード面での対応が必要だということになりました。我々もあの直後に、視認性向上のため滑走路の手前のすべての停止線を、光が当たるとピカッと目立つような舗装（高輝度塗装）に変えました。ガラスの成分を混ぜて光るようにしているものですが、本当に緊急に対応しました。

熊谷　もう5年経ちますが、令和元年房総半島台風（２０１９年の台風15号）を主とした一連の災害のとき、成田空港においても帰宅困難者が多く出たことがありましたね。ＮＡＡにとっても教訓の多い災害だったと思います。国内客も海外客も多数いるなかで、ＮＡＡの災害への備え、意識について、令和元年房総半島台風以前と、それ以降の改善といったところも含めて、詳しく教えてください。

田村　おっしゃるように、多くの教訓がありましたが、なかでも大きかったのが滞留者の数と情報発信の2点だったと思います。

まず基本的にあの台風15号の前までは、「できるだけ空港に滞留してもらおう」という考えがありました。２０１４年（平成26年）２月の大雪のときもそうだったのですが、すべての陸上交通が止まっていましたし、外は雪が積もっていて不安全ですから、お客様は空港内に留まっていただいたほうが安全ですし、交通が復旧してから目的地に出ていただくようにという方針でやってきました。実はエアラインのオペレーション的にも、そのほうが有利という理由もありました。雪を例にとると、除雪さえすれば滑走路は使えるようになります。そのうえで到着便を受け入れておけば、飛行機が手元にあるため災害が去ったあと早くスケジュールを正常化できるんです。

ところが15号の時は、海外から飛行機はどんどん到着するけれども、高速道路や国道は倒木などで通行止め、鉄道は朝から終日運休で、交通が途絶してしまいました。日本に到着したお客様は足止めされ、乗務員も成田空港に来られないから出発便は欠航になる。それでどんどんお客様の数が膨らんでいって、最終的に1万人を超す滞留者が出てしまいました。

普段から災害に備えて、毛布や食料、水といった避難物資を備蓄しています。近隣の住民の方に来ていただいても少なくとも3日は過ごせるだけの数は備蓄しているので、備蓄対応は万全だったのですが、あまりにもお客様の数が多くなりすぎたので、一人あたりの適正な空間が確保できなくなってしまいました。

熊谷　もうひとつの教訓として挙げた情報発信についてはどうだったのでしょうか。

田村　お客様は主に第1、第2ふたつのターミナルに滞留されたのですが、第1ターミナルと第2ターミナルで、情報提供のやり方が異なっていたり、第2ターミナルの情報提供の頻度があまり高くなかった。こうしたところも大きな反省点でした。

熊谷　その反省をしっかり受け止めて、どのような改善があったのでしょうか。

田村　国からも「滞留者を出さないように」という指示がありましたので、速やかにこれまでの方針を変えて航空機の到着制限を行うことにして、出発時に時間を調整してもらうことにしました。1カ月後に台風19号が来ましたが、そのときはおかげさまで成田空港では滞留者は出ませんでした。

ところが今度は出発便の空港で滞留が起きてしまいました。たとえば、ハワイから日本にお帰りのお客様がホノルルの空港で滞留することになってしまったんですね。さらに台風が去ったあとも2～3日は運航スケジュールが正常化しないわけです。これは、航空会社から大変な不評でした。

熊谷　それぞれの災害の特殊性を見て判断する必要があるということですね。

田村　ご指摘のとおりです。あまり滞留をさせすぎないように到着を抑制することと、運航の正常化を速やかに図ること。この両方のバランスをとる策を、その時々の判断でやっていかざるを得ない。

情報発信のほうは、昔と比べると圧倒的に外国のお客様の利用が多くなっていますので、多言語で正確な情報を提供することが重要です。特に交通機関が一部区間ごとに徐々に復旧するときに、わかりやすく説明するための準備が必要だということがわかりました。東京駅と言えば外国のお客様でもわかりやすいでしょうが、たとえば「押上駅、青砥駅、宗吾参道駅までが運行再開」と言われても海外の方にはわかりませんよね。そこで、どこをどう経由すれば東京駅に行ける、新宿駅に行けるといった情報提供ができるよう改善しました。

熊谷　海外の方は大変助かりますね。反省を大いに活かし、まさにＰＤＣＡサイクルを実践したわけですね。

田村　はい。それからあの台風15号では、樹木の葉や枝が風で飛び散って東関東自動車道を「緑のじゅうたん」のように覆ってしまったんですね。それを人力で除去したために通行止めが解除されるのが遅くなりました。そんな経験を経て、NAAの技術チームが、「陸上交通の早期復旧に役に立てるのではないか」と除雪車を使った実験をしました。弊社で持っている除雪車を通すことで、樹木の枝葉を迅速に取り除けることがわかったからです。そこでNEXCO東日本さんと協力協定を結び、いざというときは弊社が除雪車を貸し出すことになりました。幸い、まだ実際に行われてはいませんが。

熊谷　それは素晴らしいですね。今、NEXCOの話が出ましたが、こうした災害が起きたときは鉄道会社やバス会社が情報共有する対策本部のようなスキームがあると思います。実際はどのように行われるのでしょうか。

田村　台風19号のときにはいち早く対策本部を立ち上げました。航空会社、サービスを提供する事業者、それから鉄道およびバスの事業者、CIQ（税関、出入国管理、検疫）をはじめとする政府関係機関……みんながそれぞれ情報を持ち寄り、どういう対策をとっていくかを議論しました。

熊谷　私たち行政が立ち上げる対策本部のメンバーと共通する企業や機関も多いようですが、空港ならではのメンバーはありますか。

田村　空港には必ず気象台があるので、そのトップが入ります。今後どのような状況になっていくのかの予報を共有するわけです。それから成田空港の場合はやはり規模が大きいこともあり、国ともオンラインですぐにつながるようになっています。また、ＡＮＡ、ＪＡＬに加えて、海外の航空会社はＡＯＣ（Airline Operators' Committee・航空会社運営協議会）という団体が代表して入っています。

熊谷　先ほど多量の避難物資を備蓄しているという話がありましたが、水や食べ物など賞味期限があるものはどうされていますか。

田村　当然、入れ替えは頻繁に行っていますし、賞味期限が迫ってきたものは自治体等に有効に使っていただいたりしています。

熊谷　そういう意味では、近隣住民や自治体にとっても非常に心強い存在です。そして期限が迫ったものをうまく活用するのも大事ですね。

田村　２０２４年（令和６年）正月の能登半島地震が発生したとき、いち早く物資の提供を申し出ました。結果的にお呼びがかかりませんでしたが、しっかり登録はされました。

熊谷　ということは、周辺の自治体が大変なとき、成田空港が無事でいれば、まさにいち早く物資の提供ができるということですね。

田村　そうです。物資の提供でいうと、２０１９年（令和元年）の台風15号のときは風台風で長期に停電になりましたが、あのときは電源車を提供しました。

熊谷　ＮＡＡで電源車を持っているというのはさすがですね。地域にとっては心強い限りです。

●コロナで失ったものは大きい!?　同じ轍を踏まないためにすべきこと

熊谷　ここまでは緊急時への備えについて主に聞いてきました。次に平時のことを伺います。空港は、海外の犯罪者や薬物といったものから我が国を守る水際対策の拠点という役割も担っていますが、現場ではどのように取り組んでいるのでしょうか。

田村　第一義的にはいわゆる「ＣＩＱ」と言われる税関、出入国管理や検疫当局の方々に対応いただいていますが、我々も日々コミュニケーションをとって緊密に連携しています。最近（２０２４年6月）の話ですが、覚醒剤約38キログラムが密輸されたのが見つかりました。税関も厳格な水際対策とスムーズな出入国をいかに両立させるか、日々悩んでいます。各当局とも、先端的な機器を導入する方向に進んでいますので、そのための場所をいち早く提供して、遅滞なく環境を整備できるようにしています。

あと、動線の確保も重要です。当局からも相談があり、いざというときに犯罪者を運び出すルートを定めています。

動線については、犯罪者の入国を抑止するという目的もありますが、新型コロナウイルス感染症の際にも幅広く対応しました。その時々で各国で流行っている株が違い、それぞれの性質も違うため、対応が変わります。そのため、検疫からの要望に臨機応変に対応しました。具体的には、待機場所をどこにつくるかとか、検査施設をどこに設置するかなどです。検査施設には水回りが必要とのことで、トイレを改修するなど、日々の連携のなかで進めていきました。こういった積み重ねこそが我々のやるべき大事なことだと思っています。

熊谷　なるほど、大変よくわかりました。空港での犯罪というと、薬物の密輸やハイジャックなどを想像しがちですが、世の中の変化によって、空港会社や航空会社への当局からの要請も変わってきているのでしょうね。利用者の感覚としては、成田空港の細かいルールが少しずつ変わっているように感じるのですが、それがどんな犯罪抑止につながっているのか、言える範囲で教えていただけますか。

田村　ご存じとは思いますが、歴史的に成田空港は極左集団のゲリラ攻撃を防ぐことを主に考えた体制ができました。しかし、最近のニーズはむしろ国際テロ対策なんですね。ですから、大きな流れとしては、警察の対処方法も人手をかけて警備をするというものから、多くのハイテク機器を駆使しながら、効率的に要員を配置していくというものに変わっていっています。

ルール変更の話ですと、利用者の方々が実感される部分では、昔は空港の入り口に全部検問がありましたよね。

熊谷　はい、そうでした。

田村　現在は、機械による警備の高度化を図ることで検問をなくし、空港に来ていただいたお客様の利便性を重視しようという方向に変わりました。ここ10年くらいの話ですね。

熊谷　組織のトップにとっては、非常に勇気のいることではないでしょうか。日々の利便性を優先させて、その結果として何か問題が生じた場合、判断した責任を問われかねません。そのあたりの決断は難しかったのではないでしょうか。

田村　やはり利便性とリスクのバランスというのは、常に考えなければならないことですよね。どちらかだけではダメなんです。どのあたりがベターな着地点なのかというのは、情勢の変化によってどんどん変わっていきますので、常に柔軟に考えていかなければならないと思います。

話は少し変わりますが、そういう意味では、先ほど少し触れたハードウェアについても、あまり目的や用途を限定しすぎて、作り込みすぎてしまうと、情勢の少しの変化によって使えないものになってしまうということが起きがちなんですね。たとえば、何かひとつのことへの警備を目的としてハードを作り込んでしまうと、ちょっとした変化でいらないものになってしまう。最近世の中の変化が激しいので、空港のようなところには、変化への柔軟性が求められていると強く感じています。

熊谷　たしかにそうですよね。将来ビジョンである『新しい成田空港』構想におけるターミナル施設の再構築でも、可変性をすごく大事にされていました。これについてはあとで伺います。

さて、先ほど少しお話があったコロナについてです。最初期からステージが何回も変わっていって、めまぐるしく対応されてきたと思うのですが、行政との連携を含めて、当時のことを少し振り返っていただきたいのですが。

田村　海外で最初にコロナが発生した時点では、日本はまだ他人事っていう雰囲気でしたよね。

熊谷　２０１９年の12月でしたね。年明け前は社会全体にそうした雰囲気はあったかもしれません。

田村　年が明けて1月の終わりから2月の頭が春節の休みで、中国のお客さんが大勢来られるというのは、もう明らかでした。事前の予測では、２０１９年のレベルを超えてくるだろうと言われていましたが、「水際で食い止めろ」というような雰囲気はあまりなかったんです。

熊谷　そうですね。初期も中国の人たちの入国を拒否するべきだという意見がごく一部にありましたが、そんなことをしてはダメだろうという意見のほうが大勢だった気がします。その後、諸外国が水際対策を行うようになり、日本も方針が変わっていきました。

田村　過去にＳＡＲＳなど感染症の問題があったときも、一時的に航空事業は落ち込んだのですが、半年から1年弱で元へ戻りました。ですから関係者はそれぐらいは我慢しなければならないだろうという感じでした。

いざ水際対策がはじまると、先ほど申し上げましたがいろいろな設備、施設を設置するのに動線をどうするのかという問題が出てきて、検疫当局とＮＡＡの担当者が相談をしていました。もう最後は、ないところを無理に作り出すように、通路を待機場にしたりして対応しました。

このように、最初はひたすら内にこもって、ちょっと鎖国的な意識で対応していればよかったのですが、だんだん諸外国が平常化していくなかで、「開国」が遅れたという問題がありました。日本でも一時期、ＰＣＲ検査を受けたあと3日間待機すればいいという措置がとられた時期があり、私もそのときに国際会議に出席するためメキシコに行ったのですが、もうコロナなんて関係なく空港が賑《にぎ》わっているんですよ。メキシコではすでに２０１９年以前のレベルに回復したどころか、それ以上になっていると。日本はどうなのかと帰ってきたら、空港は変わらずに閑散としていたわけです。この差は何なのだろうかと。

熊谷　そうですよね。世界は、ワクチンの登場ですごく変わったじゃないですか。

田村　はい、変わりました。

熊谷　でも、我々は変わらなかったんですよね。ワクチン接種、経口薬の登場によって諸外国が正常化しているのに、日本は依然として厳しい水際対策。外国の航空会社から「なんで？」と言われたのではないですか。

田村 それはもう、いろんなことを言われました。やはり日本は中国に次いで開国が遅れた国ですので……。

熊谷 そうですね。日本人は、あの中国のゼロコロナ政策を極端な政策として冷ややかに見ていたと思うのですが、おそらく世界からは日本も同じ穴のむじなと見られていたでしょう。日本人は今でもほとんど自覚していないと思うのですが、間違いなく「同類」と見られていました。

田村 コロナからの回復については、チャイナとジャパンは同列と見られていましたね。もう過ぎたことでもありますし、その時々で一生懸命みんなが対応した結果だとは思うのですが、きちっと検証をする必要はあります。諸外国と比べると1年、1年半ぐらい遅れていますから。この間に失ったものは、ものすごく大きいと思うんですね。

熊谷 そうですね、戻ってこない部分もあるんじゃないでしょうか。その間、他国の空港に拠点を移した航空会社や企業も少なくないでしょうから。諸外国の空港との戦いのなかでは、結果的に100％は取り戻せない。

田村　それはそうです。そういう意味では、次にまた新たな感染症が発生して類似の状態に陥ったときに、日本は同じ轍《てつ》を踏まない対処をしないといけないのではと強く思います。

熊谷　おっしゃるとおりです。私は途中から「この国は島国なんだ」ということをすごく感じました。初期に日本国内でまだ感染が拡大していない中、拡大している国・地域からの感染を防ぐ水際対策には一定の意味があります。しかし、すでに国内で何度も大規模な感染の波があり、諸外国と比べて感染レベルに違いが無くなっても、それでも外から人が来るのが怖い、と。

状況がわからない初期の段階では、もっと徹底して水際対策をやっておけばよかったのではないか。逆に2～3年経ったあとではディフェンシブになりすぎたのではないか。その両方の教訓があったと思いますね。

田村　やっぱり潮目は、知事がおっしゃられたようにワクチンと、それからデルタ株になったところですね。「上手の手から水が漏れる」と言いますが、ギチギチに水際対策をやっても一定の漏れがあるわけです。欧米などは、その漏れが広がっていく確率と、それが重篤化する確率と、一般の人たちのワクチン接種率などを鑑みて、一定の効率的なやり方をしたほうが遥かに賢いという結論で、方針転換をしていったのですよね。

熊谷　はい。諸外国はある段階から、もう「感染させない」のは不可能なので、重症化しなければ一定の感染はやむを得ないというロジックに切り替えました。我が国は初動こそ良かったのですが、その成功体験の分、方針転換が遅れました。

　ほかにも、感染力は強いけれども重症化率が低下したオミクロン株のときも感染者がひとり出たら飛行機の搭乗者全員を濃厚接触者として隔離していましたよね。

田村　はい、ありました。

熊谷　隔離用の施設がすぐにパンクして、科学的根拠を考慮した対象者に変更されていきましたが、水際対策においては少し科学的じゃなかった瞬間がありましたよね。

田村　我が国も客観的、科学的な議論がやりやすくなるといいですね。

熊谷　はい。これはおっしゃるとおりで、行政も反省の必要があると思います。

●世界を悩ます落下物の問題に内陸空港である成田はどう対応している

熊谷　さて、これは日本に限らず世界中の空港が抱える宿命的な課題だと思うのですが、落下物の問題など空港の存在が周辺住民の安全を脅かすことにならざるを得ないという点について、どのような意識で取り組まれているのでしょうか。

田村　成田空港は内陸空港ということもあり、開港当時から空港周辺の安全対策は非常に重要視しています。騒音の問題もありますし、今おっしゃられた落下物の問題もあります。

冬場に飛行機が着陸のために車輪を出すと、氷の塊が下に落ちるということがありました。この事例については海上や住居の無いところで行うことでリスクを大きく低減できるので、そのルールを徹底しています。

あと、あってはならないことですが、ボルトなどが欠落して、地上で発見されるということがあります。たとえ小さなボルトでも、大きな事故につながる恐れがありますので、その都度、各航空会社に再発防止に取り組んでもらっています。

それだけでなく、我々も関係各所をパトロールして、各航空会社と情報共有、意識共有を行っています。

最近は特に世界中のいろいろな国の航空機が飛んできますので、パトロールの頻度を高めています。国民性の違いというのはどうしてもあり、重ねて言わなければいけない場合もありますが、住民の方々の不安を取り除けるよう、一生懸命努力をしています。

熊谷　我々行政からも落下物の問題があるたびに再発防止を要望しているところですが、改めて具体的な取り組みを聞かせていただきました。

内陸空港である成田空港　提供：成田国際空港株式会社

●航空貨物、最大の貿易港として成田が日本経済に果たす、重要すぎる役割！

熊谷　続いて、成田空港の将来ビジョンについて伺います。『成田空港の更なる機能強化』、この意味と概要について改めて教えてください。

田村　成田空港は、オープンスカイによる就航都市数の拡大や新たな航空会社の参入とともに、我が国のＬＣＣの拠点化によって、国内線も大幅に拡大しました。それにあたっては、空港周辺地域の皆さまにご理解・ご協力をいただきながら、年間発着枠30万回の実現や離着陸制限（カーフュー）の弾力的運用の導入、さらには空港入場ゲートのノンストップ化など、利便性を向上させてきました。その結果、訪日外国人旅客数や国内線旅客数が大幅に増加し、観光立国・日本という国の構想にも貢献してきました。

今後、世界の航空市場の成長はアジアの旅客が牽引すると言われていて、すでにその獲得競争ははじまっていますし、成田空港もアジアの主要空港との競争に巻き込まれていきます。実際、ライバルとなるアジアの主要空港では、大規模な施設整備が行われています。『成田空港の更なる機能強化』は、そうした環境に対応するための計画です。２０２０年1月に空港等変更許可ののち、２０２１年12月に一度、滑走路整備計画に関するパンフ

■滑走路及び空港敷地範囲の具体的な検討

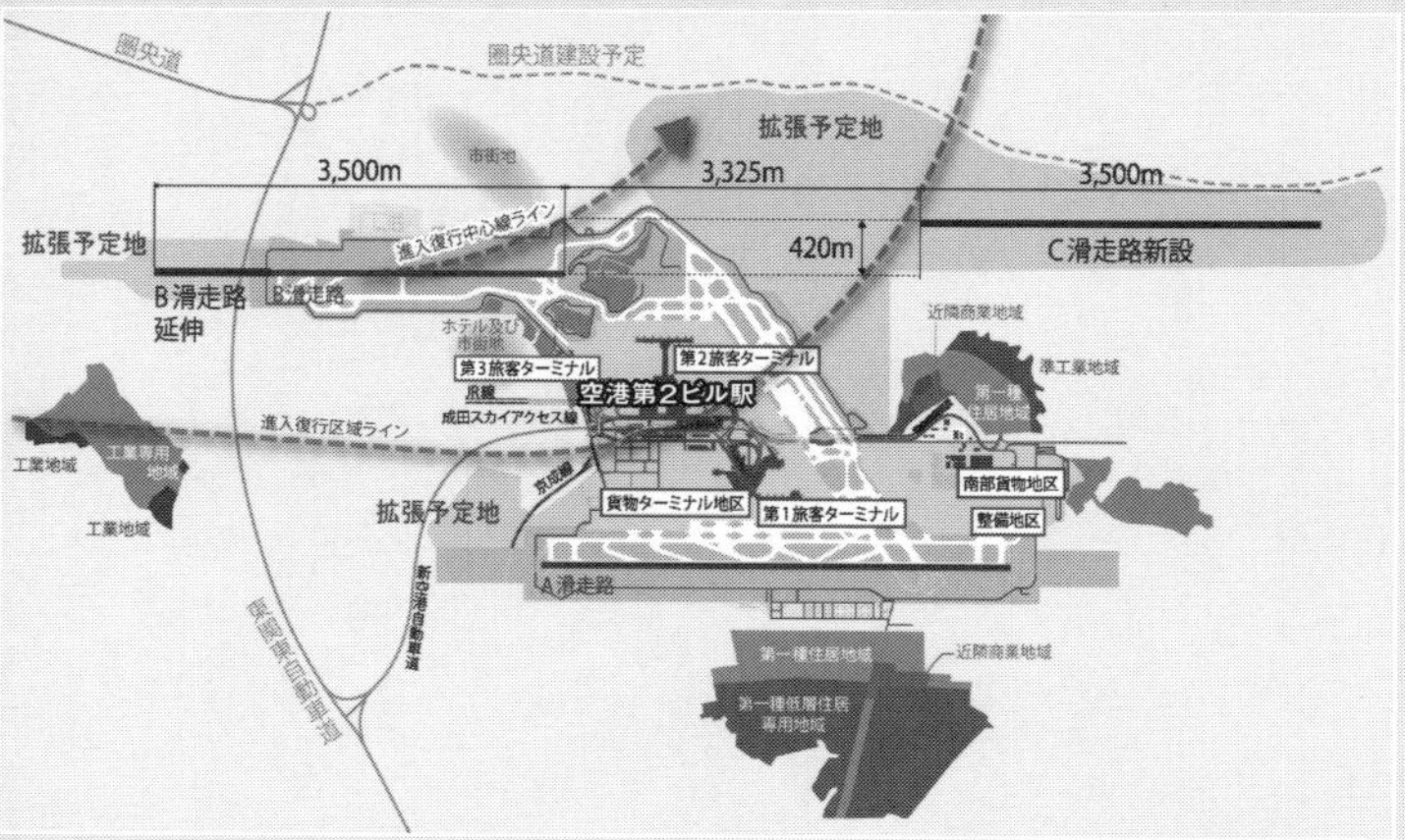

提供:成田国際空港株式会社　※一部加工して作成

レットを発行しました。その後、関係者協議や設計などが進んだため、さらに滑走路整備計画へのご理解を深めていただけるよう改訂版を作成しました。これはホームページ上でもご覧いただくことができます。

具体的には成田空港の年間発着容量を現状の30万回から50万回まで拡大する目的でC滑走路を新設し、またB滑走路については2500メートルから3500メートルに延伸します。工事の完成は2029年3月末を予定しています。

この工事により発着容量を拡大させ、アジア諸国の成長を取り込んでいくことで、旅客数や貨物量の大幅な増加が見込まれます。さらに空港周辺地域に、産業振興やインフラ整備、生活環境の向上など、副次的な効果をもたらすことが期待できます。

熊谷　成田空港の敷地面積が約2倍になる、まさしく「第二の開港」とも言える、国家プロジェクトですね。これだけ大規模な空港拡張は全国的にも稀です。先日『新しい成田空港』構想検討会のとりまとめも発表されましたが、こちらについても概要を教えてください。

田村　『成田空港の更なる機能強化』による滑走路の整備に加えて、さらに広い視野で成田空港の将来像を検討するため、２０２２年10月に、学識経験者、国、県、地元市町で構成する『新しい成田空港』構想検討会を設置しました。

そして、旅客ターミナルの再構築、航空物流機能の高度化、空港アクセスの改善、地域との一体的な発展など、成田空港の将来像について、計９回にわたり議論を重ね、その成果物として「『新しい成田空港』構想とりまとめ　２・０」を２０２４年７月に国に報告しました。

熊谷　非常に多岐にわたる内容となっていますよね。先ほど少し触れたように、航空市場のニーズはどんどん変化するので、空港もその変化に対応できるようにする必要があります。過去の反省を含めてそのあたりが強調されているように思います。

成田空港は日本の航空貨物の６割ほどが集中し、輸出入総額では東京港や名古屋港を上回り、日本最大の貿易港です。私たちは成田空港の強みを活かし、空港周辺に国際的な物流拠点、先端産業の製造拠点や研究施設などを集積していくべきと考えています。そのため、知事就任後、国との協議を重ね、2023年1月に成田空港周辺において国際物流拠点を整備する場合、農地を含む土地を弾力的に活用して良いとの国の指針が全国で初めて示され、大規模な国際物流拠点を整備するプロジェクトが民間から相次いで発表されました。

私たちは国家戦略特区を千葉県全体に適用する等、さらなる規制緩和と国の関与を求め、2024年8月には岸田文雄首相（当時）から「成田空港を核とした国際航空物流拠点機

■ 新旅客ターミナルと新貨物地区の配置イメージ

※イメージCGは現状の航空写真に「更なる機能強化」の計画内容を合成したものをベースにして、新旅客ターミナルと新貨物地区等の配置イメージを示したものです。・既存施設（貨物施設、整備関連施設等）については、現状のまま示しております。※ 配置計画については今後の検討により変更が生じる場合があります。またCG内表現の一部について簡略化しております。

提供:成田国際空港株式会社　※一部加工して作成

能の強化について、日本全体の競争力強化の観点から、国家プロジェクトとして取り組みを加速してまいります。関係省庁は、地元自治体と連携して、国家戦略特区制度の活用や関連インフラの整備を含めて、総合的な支援策をとりまとめてください。」との指示が出され、成田空港とその周辺の活性化は大いに進みつつあると実感しています。

私は常々、「成田空港は千葉県の宝である」と発信していますが、その宝をより活用できるよう、将来ビジョンに沿って発展させていきましょう。とりまとめは、インターネット上に公開されていますので、ぜひ多くの方に読んでほしいと思います。

逆を言えば、成田空港が現在進めている機能強化や「『新しい成田空港』構想」について、まだまだ知らない方も多いと思います。実際、成田空港は日本最大の貿易港であり、国際航空物流の一大拠点でもあります。地政学上の変化なども踏まえて、日本の経済にとって成田空港の重要性がどのように高まっているか示していただけますか。

田村　日本の貿易を重量でみた場合、99％以上は船による海上輸送で行われており、航空機による国際航空輸送が占める割合は1％にもなりません。しかし、貿易額でみた場合、国際航空輸送は貿易全体の約30％を占めています。それほど、国際航空輸送で運ばれるモノの価値は高いということを再認識する必要があります。あらゆるモノがインターネットとつながり、世界のデータ量が爆発的に増加している現在、これら情報技術を支える半導体は、国際戦略物資となっています。成田空港はこの半導体だけでなく、半導体を製造するための装置（半導体製造装置）の日本最大の輸出拠点にもなっています。半導体製造装置は日本のメーカーが高いシェアを誇っており、これをスムーズに輸送することは、日本のみならず世界の産業にとって非常に重要です。また、新型コロナワクチンのように、厳格な温度・品質管理が必要となる医薬品の輸送においても、成田空港は日本最大の輸入拠点となっており、日本の医療に重要な役割を果たしています。

■主要港別輸出入額の割合

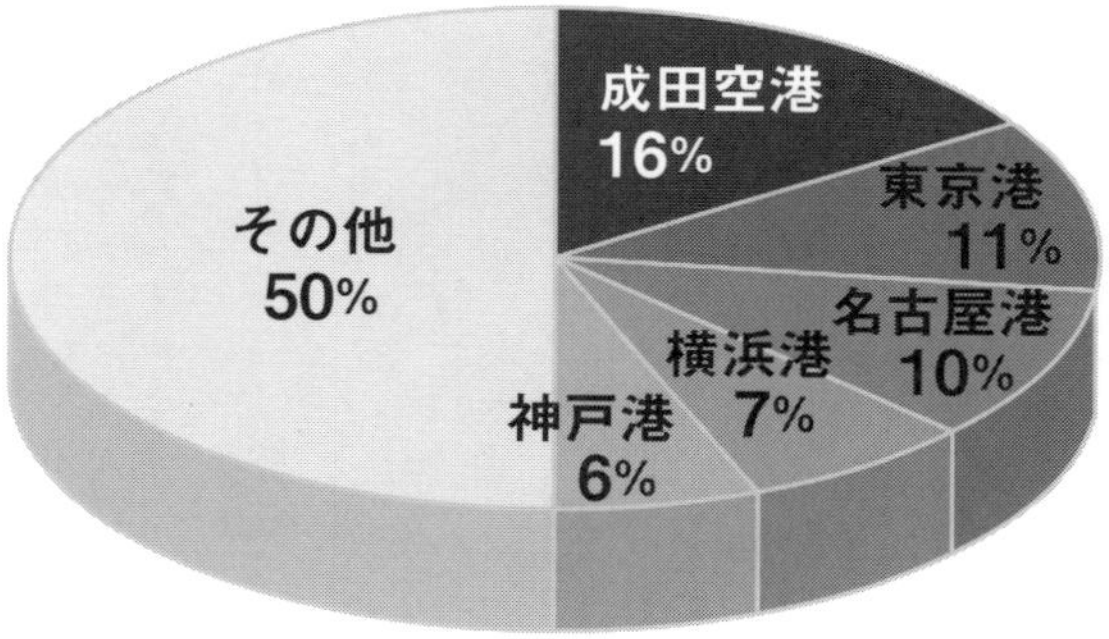

出所:東京税関　令和５年分　成田空港貿易概要（速報）を基に作成

提供:成田国際空港株式会社　※一部加工して作成

近年、国際情勢を語るうえで、サプライチェーンの役割が非常に重要になっています。サプライチェーンの中心となるべく、東アジアや中東の空港では、自国の輸出入だけでなく、3国間の貿易、すなわちトランジット貨物を取り込むハブ空港戦略をとっています。このように空港間の国際競争が激しくなる中、日本経済にとって大きなリスクは、日本の国際路線ネットワークが縮小し、海外のハブ空港を経由しないと世界と貿易ができない状況に陥ることです。実際、コロナによる海運の混乱期には、海外の大規模ハブ港への寄港を優先するために、規模で劣る日本の港がスキップ（抜港）され、日本の製造業の生産活動に影響が出た例もあります。

日本経済のために成田空港が果たすべき役割は、半導体製造装置、医薬品といった戦略物資を取り扱い、日本企業の経済活動と国民生活を支える国際貿易拠点として機能し続けることです。この役割を果たし続けるためには、トランジット需要も取り込むことで路線ネットワークを充実させるとともに、効率性・生産性を向上させ、東アジアの貨物ハブとして、ハブ空港戦略をとる海外競合空港に打ち勝っていく必要があります。特に東アジアの政治情勢が不安定化する状況において、極東に位置する日本、成田空港が世界貿易に果たす役割は益々重要になっています。

熊谷　また「『新しい成田空港』構想」にエアポートシティという概念が示されているとおり、空港周辺にどのような産業拠点を形成していくかが重要です。これまでの県の取り組みの感想と、今後に向けての期待、成田空港が果たしていく役割などについてもお聞かせください。

田村　先日（2024年7月）、熊谷知事から「成田空港を核とした物流・産業拠点の形成等に関する要望書」を岸田総理に提出いただき、総理から後押しの約束をいただきました。このことは、これから検討を行っていくエアポートシティにとっても大きな追い風になるものであり、知事のご尽力に深く感謝しております。

岸田総理に成田空港を核とした物流・産業拠点の形成等に関する要望

成田は歴史的経緯からこれまで地域と空港の一体的な開発が世界の主要空港に比べて、十分に行われてきませんでした。その経緯から、成田空港が行ってきた地域振興策は、騒音などマイナスの影響を軽減する取り組みが中心でした。更なる機能強化および『新しい成田空港』構想により空港が大きく再編されようとする今、地域振興の在り方を大きく前進させ、地域と空港が一体となってエアポートシティに取り組むチャンスだと感じています。

２０２４年９月２日に開催された「成田空港に関する四者協議会」では、エアポートシティ実現に向けた方向性と準備会議発足について、周辺９市町の首長の皆様からご支持・ご期待をいただきました。成田空港としては、千葉県と共に、周辺市町の皆様のご期待を受け止め、この準備会議・推進体制を通じてしっかりと応えていきます。

●外国の方だけでない、ショッピングモールとしての成田空港の魅力とは！

熊谷　ここまでかなり堅い話題が続きましたが、やわらかい話も聞かせてください。成田空港はひとつのショッピングモールであり、巨大な商業施設でもあります。当然人気のお店もいろいろあると思うのですが、田村社長のおすすめのお店や、おすすめの場所などを教えてください。

田村　おしゃれなところでは、成田空港オリジナルノートが大人気の「Ｓｍｉｔｈ」、サラダの専門店「ＷｉｔｈＧｒｅｅｎ」、眼鏡店「フォーナインズ」など都内の人気店も出店しています。

あと、海外の方にも楽しんでいただいていますが、実は、千葉の名店も出店しているんです。松戸の有名店「中華蕎麦とみ田」直営の「松戸富田麺旦」ですね。

熊谷　つけ麺、美味しいですよね！

田村　はい。あとは、成田の老舗うなぎ店「川豊」も出店しています。

熊谷　「川豊」も最高に美味しいです。

田村　それから、いくつかのおみやげ店では、地元千葉の特産品コーナーを目立つように作って、一生懸命販売しています。

熊谷　ありがとうございます。飛行機に乗らなくても、ショッピングセンターに行くような気持ちで、空港に行って買い物して帰るという遊び方もぜひ提唱したいですね。

田村　そうですね。成田空港はもともと日本人のために作った空港ですので、出発前のお店の選択肢を多く用意しています。近隣の住民の方に来ていただいて、十分楽しんでいただけるようになっていると思います。

熊谷　そうですね。海外からの方々にはどんなお店が人気なのでしょうか。

田村　ひとつは、2023年の9月に出国手続き後エリアにオープンした飲食店フロア「JAPAN FOOD HALL」です。日本を出発する前に、最後に食べたい日本食というコンセプトでつくっています。天ぷらあり、お寿司あり、うなぎあり、鉄板焼きあり……ラーメンもあれば、フルーツサンドもあるという盛りだくさんのエリアで、海外のお客様に大変好評をいただいています。

あとは、「マツモトキヨシ」などのドラッグ

広大なチェックインカウンター　提供：成田国際空港株式会社

ストアですね。日本の医薬品や化粧品、日用品に対する信頼が非常に高いようで、多くのお客さんが購入されていますね。

熊谷　やはりそうですか。ちなみに空港会社から見て、日本人と外国人の行動の違いや利用の仕方の違いなど、何か感じることはありますか。

田村　そうですね。外国の方は早く出国審査に進まれる傾向があるんです。

熊谷　ああ、なるほど。我々はけっこう外で遊んで、そろそろ行こうかという感じで中に入っていくイメージがありますよね。

田村　そうなんです。だから、長く滞在して食事したりショッピングしたりできるように、出国手続き後のエリアを充実させないと外国の方にはちょっと物足りなくなってしまう。「JAPAN FOOD HALL」はそのニーズに合わせたものです。

もうひとつ面白いのは、LCCの利用客についてです。当初、LCCの利用客は節約志向という前提で、LCC用の第3ターミナルをつくりました。ところが最近の傾向としてお客様は「私たちはLCCを使っているけれど、成田空港ではお金を使いたい」とおっしゃいます。

熊谷　そうなんですよね。「LCCイコール節約旅行ということではない」と。

田村　高い運賃は払いたくないけれど、ホテルや食事は贅沢したいということですね。

●千葉が誇るおすすめグルメから、果物、風景…etc・世界に誇る千葉ブランド

熊谷　田村社長が海外の方々に千葉県の魅力を伝えるとしたら、どこをすすめますか。

田村　千葉県にはいいところがいっぱいあるのですが、私はやはり銚子の屏風ケ浦の絶景はワールドクラスだと思うんですよ。

熊谷　あれは〝東洋のドーバー〟ですからね。

田村　それから、そこからおよそ70キロメートルにわたって砂浜が続く九十九里浜ですね。やはりあそこもおすすめだと思います。

熊谷　本当にそうなんです。ただ、成田空港からどう行きやすくするかが課題です。

田村　まさにそのとおりですね。あの場所は素晴らしい素材がいっぱい眠っているので、どうすれば国内の方にも海外の方にも気軽に行っていただけるようにできるか。知恵を絞って、長く時間を過ごしていただけたらいいなと思います。

熊谷　わかります。銚子もジオパークに力を入れていますし、今度、銚子沖の洋上風力発

電ができると、またひとつ重なって新たな景色が生まれて、人々を呼び寄せるきっかけになっていったらと思います。ぜひ、田村社長おすすめの千葉県グルメも教えてください。

田村 私としては、ゴールデンウィークの頃にできる富里《とみさと》スイカですね。

熊谷 あれは別モノですよね！

田村 ええ、甘くてジューシーですごく美味しいと思います。また、まだ全国ブランドではないかもしれませんが、芝山のあたりには美味しいイチゴがあるんですよね。

熊谷 成東《なるとう》もそうですね。

田村 そうなんです。空港周辺にいくつかありますね。これがまたいいんですよ。あとは梨もそうですし、千葉県には本当に果物は素晴らしいものがたくさんありますね。あと、サツマイモも大変美味しいですよね。

熊谷 香取とその周辺で作っているサツマイモは別格ですよね。

田村 銚子でとれる魚なんかも本当に美味しいですよね。千葉県出身のシェフやパティシエもたくさんいらっしゃるので、ぜひ知事には全国ブランドになる料理や商品をプロデュースしていただきたいですね。

熊谷 おっしゃるとおりですね。素晴らしいアイディアです。最後に千葉県政や知事である私に期待することや要望がありましたら、この場でぜひお聞かせください。

田村　成田空港は、先人たちのご努力のお蔭もあり、ようやく地域と空港が持続的、一体的に発展していこうという前向きな議論がはじまっています。そうした議論を進め、実際に具体的な諸施策を実現していくにあたっては、千葉県が果たす役割が非常に大きいと思います。熊谷知事のリーダーシップに大いにご期待申し上げます。私どもも、県と緊密に連携協力させていただき、全力で取り組んでまいります。引き続きよろしくお願いいたします。

熊谷　田村社長、本日は貴重なお話を聞かせていただき、ありがとうございました。

Akihiko Tamura

田村 明比古（たむら あきひこ）

成田国際空港株式会社 代表取締役社長

1955年9月15日生まれ。東京都出身。1980年に東京大学法学部を卒業、同年、運輸省（現・国土交通省）入省。その後、在アメリカ合衆国日本国大使館参事官、国土交通省大臣官房審議官、鉄道局次長、航空局長などを経て、2015年観光庁長官就任。国土交通省参与、株式会社三井住友銀行顧問などを経て、2019年6月、成田国際空港株式会社代表取締役社長に就任。趣味は、60年代ジャズをはじめとした音楽鑑賞を平日に楽しむとともに、休日は一転して本格的な畑仕事で季節ごとの野菜作りにも取り組んでおり、自宅の「食料自給率は高い」という。

※本対談は2024年8月に行われたものです

成田国際空港株式会社（NAA）の公式サイトです。
成田空港の整備・運営に関する情報などを
ご案内しています。
https://www.naa.jp/jp/

日本のそして千葉県の貴重な資源を守る

熊谷俊人

山《やま》ノ《の》井《い》敏《とし》夫《お》さん ×

（株式会社合同資源 代表取締役社長）

日本のヨウ素生産量はチリに続いて世界第2位であり、その大部分が千葉県内で生産されているという事実はあまり知られていません。

そもそもヨウ素がどのようなもので、人々の生活にとってどのように役立っているか。

ヨウ素とヨウ素リサイクル生産の世界トップ級のメーカーであり、千葉県の長生村《ちょうせいむら》に本社を置く株式会社合同資源の山ノ井敏夫社長に話を聞きました。

●医薬品からハイテク分野まで活用できるヨウ素というすごい資源の存在

熊谷　今日は貴重なお時間をありがとうございます。今、社屋のロビーのところに「共に生きる」という素晴らしい書が飾ってありましたが、あれはどなたの作品なのですか？

山ノ井敏夫社長（以下、山ノ井）　ダウン症の書家として有名な金澤翔子さんの書で、当社の元監査法人代表幹事で現在宮城県の学校法人北杜学園の学園長をされている鈴木忠氏から新社屋竣工のお祝いとしていただいたものです。実はこの社屋ができたとき、大きな絵を飾ろうと思っていたんですね。ただ、当社の企業理念が「地域と相共に生きていく会

社」ですから、ちょっと小さいけれどもあの書を飾ったらどうだろうと試しに掛けてみたら、ロビー全体が活き活きと感じられ、私は感動で涙が出まして、これしかないと思いました。

熊谷　合同資源という会社のあり方を宣言するような力強い書だと私も思いました。それと、エントランスに立派な胡蝶蘭がたくさん飾ってありました。創業90周年とのことで、本当におめでとうございます。

山ノ井　ありがとうございます。創業時（1934年／昭和9年）にヨウ素製造に使っていた設備がまだ残っているんですよ。ドルシックナーという直径約10メートル、深さ3・5メートルの巨大なコンクリート構築物で、上瀑《かみたき》工場（大多喜町《おおたきまち》）にあります。使われなくなってから90年、残したというか残ってしまったといいますか（笑）。しかし大変貴重なものだということで、公益社団法人日本化学会から「化学遺産認定証」を受領しています。

熊谷　当時とすれば画期的な設備だったんでしょうね。

山ノ井　ヨウ素は江戸期から海藻を原料に製造されていましたが、生産性は悪かったんです。当社の前身である相生工業が、地下深くから汲み上げた「かん水」がヨウ素を多く含むことに着目し、効率良くヨウ素を製造する新製法に取り組んだのが１９３４年（昭和９年）のことでした。翌１９３５年（昭和10年）、当時の上瀑村、現在の大多喜町に完成したその設備で、国内で初めて「かん水」からのヨウ素製造に成功しました。

熊谷　それは化学遺産に値する貴重な設備

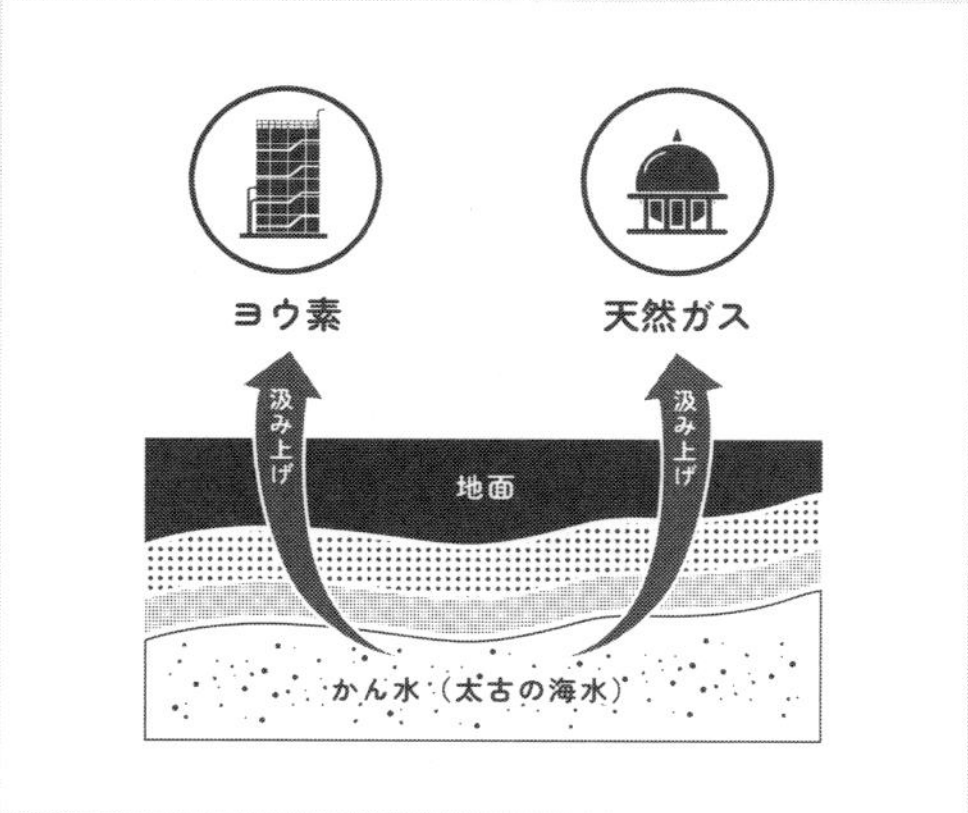

地下深くの地層から「かん水」を汲み上げ、貴重な資源であるヨウ素と天然ガスを開発・生産

＊合同資源HPより転載

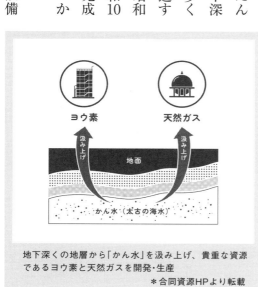

ですね。なぜ使われなくなったのですか。

山ノ井　その後は、環境規制の対応のため、汲み上げた「かん水」をパイプラインで長生村の千葉工場に送って、銅法からブローアウト法に変更して効率よくヨウ素を抽出し、精製するようになったからです。

熊谷　なるほど、それも時代の流れだったんですね。ところで、そもそもヨウ素というのはどのようなものなのでしょうか。ぜひ本書の読者のために説明願います。

山ノ井　ヨウ素は、フランス人化学者クールトアが1811年に発見した原子番号53の元素です。発見当時から殺菌作用が高いことで注目を集め、すぐに医薬用殺菌剤として用いられました。現在でも細菌、カビ、ウイルスなど、幅広い殺菌効果が認められていて、消毒薬、うがい薬として利用されています。

熊谷　昔は消毒といえば『ヨードチンキ』でしたよね。消毒用だけでなく、生物に必須の成分だというのを聞いたことがあります。

山ノ井　おっしゃるとおりです。日本人は海藻や魚介類をたくさん食べますので、必要量は十分摂取できていると言われていますが、海外ではヨウ素の欠乏が深刻な問題となっています。ヨウ素が不足する「ヨード欠乏症」になり、甲状腺腫や発育不全、知的障害などを引き起こします。ヨウ素は、成長ホルモンとともに子どもの成長を促進する働きをするため、足りないとそうした機能が低下してしまうんです。

世界の多くの国ではヨウ素不足を補うために、一般に販売されている塩にヨウ素を添加しています。家畜の飼料にもヨウ素が添加されているんですよ。

熊谷　それ以外でも、ヨウ素は私たちの日常生活に欠かせないものなんですよね。

山ノ井　ヨウ素には、光を含むさまざまな電磁波を制御するという特徴があり、最近ではハイテク分野での需要が増加しています。X線を遮る性質を利用したものがX線造影剤です。病院で脳や心臓などの精密検査をする際に広く利用されています。テレビやパソコンのモニターやスマートフォンの画面にもヨウ素が使われています。ヨウ素を原材料にした偏光フィルムと液晶を組み合わせることで光の透過を制御しているんです。それとヨウ素は、日本で発明されたペロブスカイト太陽電池の主要原料でもあります。

熊谷　ペロブスカイト太陽電池は、カーボンニュートラル社会に大きく貢献できる再生エネルギー源として期待されていますよね。千葉県も経済産業省が呼びかけた「次世代型太陽電池の導入拡大及び産業競争力強化に向けた官民協議会」に参画しています。

山ノ井　はい、次世代の太陽電池として世界から注目されています。ペロブスカイト太陽電池には、ヨウ化鉛などの無機ヨウ素化合物や、ヨウ化メチルアンモニウムなどの有機ヨウ素化合物などが使われているのですが、太陽電池として使用するには、水分や不純物が少ない高純度品を求められるため、その製法を開発しているところです。また、太陽電池を廃棄する際の、ヨウ素の回収、リサイクル方法についても研究を進めているところです。

熊谷　次の時代に向けて着々と準備を進めているのですね。ヨウ素が私たちの生活に深く関わっていて、さまざまな場面でその優れた機能を発揮していることがよくわかりました。先ほど、海外ではヨウ素不足に苦しむ国があるという話が出ましたが、ヨウ素製造の業界団体も参加してヨウ素提供の国際貢献を行っているんですよね。そもそもどういう経緯ではじまったのですか。

山ノ井　モンゴル国内で慢性的に「ヨード欠乏症」が発生していて、抜本的な解決に向けた援助要請があったことがスタートですね。それにユニセフ、日本政府、千葉県が応じて、１９９６年（平成８年）１月にモンゴルのニャムダワー保健大臣が当社を訪問されて、ヨウ素の生産を視察されていきました。それがきっかけとなり、１９９７年（平成9年）から5年間、千葉県が主体となり、日本ヨウ素工業会、天然ガス鉱業会とその地方組織である京葉天然ガス協議会、公益財団法人成長科学協会、ＪＩＣＡ（国際協力機構）、ユニセフと協力して、モンゴルにヨウ素酸カリウム３４００キログラムを無償提供しました。その後も、２００６年（平成18年）から4年間はカンボジアに、２０１４年（平成26年）にはスリランカに、２０１８年（平成30年）からはマダガスカルに提供しています。

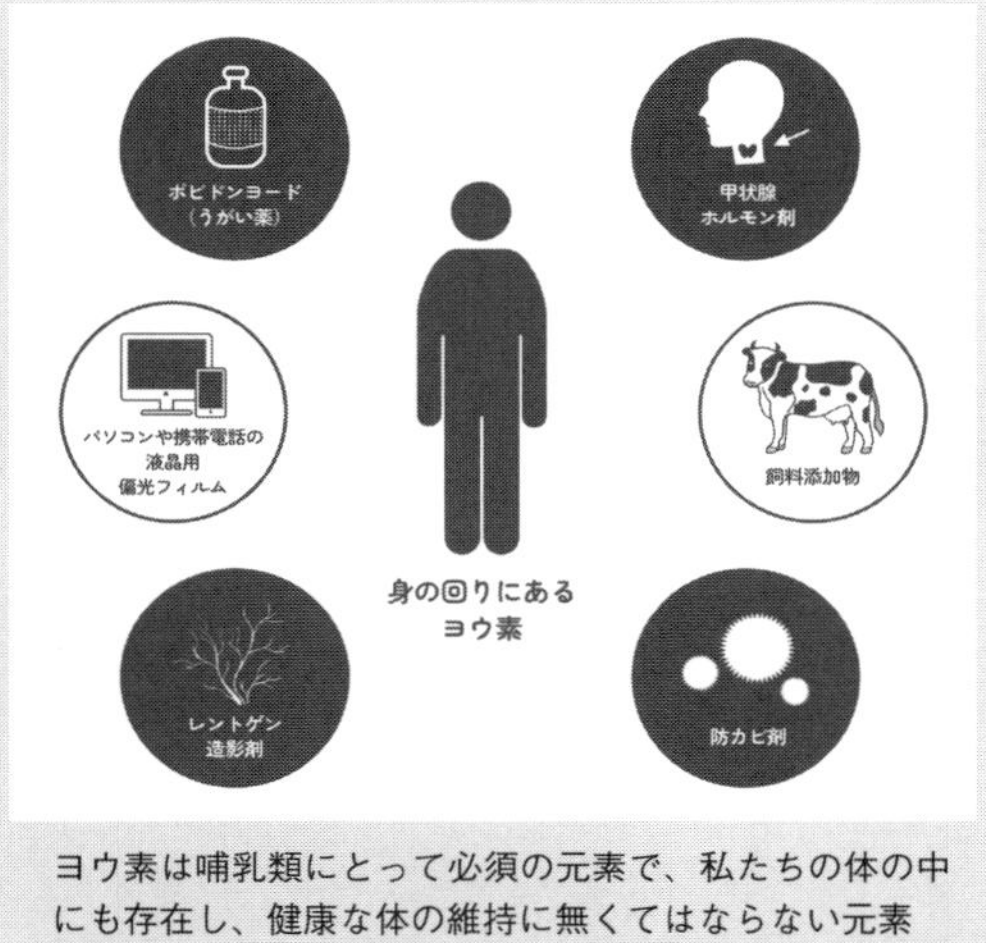

ヨウ素は哺乳類にとって必須の元素で、私たちの体の中にも存在し、健康な体の維持に無くてはならない元素

＊合同資源HPより転載

熊谷　私もマダガスカルへの提供に立ち会わせて頂きました。改めて国際貢献へのご協力に感謝いたします。さて、ヨウ素についておおまかに学べましたので、次は合同資源のことを聞いていきたいと思います。先ほど、1934年にかん水を用いたヨウ素の製造を開始したとのことですが、スタートの地が千葉県だったのはどうしてですか?

山ノ井　房総半島内陸部の大多喜町で天然ガスが発見されたことに端を発しています。発見は明治初期とも江戸時代ともそれ以前とも言われているのですが、記録としては1891年（明治24年）、大多喜町で醤油醸造業を営んでいた山崎屋・太田卯八郎氏が井戸を掘ったときの話が残っています。その井

マガダスカル共和国へのヨウ素支援の贈呈式

戸から真水は出ずに泡まみれの濁った塩水しか出なかった。ところが偶然この水に煙草の吸い殻を投げ捨てたら、青い炎を上げて燃えだして、大いに驚いたといった記述が残っています。その後、科学の進歩とともに、この地下からくみ上げたかん水には天然ガスが含まれており、ヨウ素濃度が高いことがわかってきました。

そして1934年に当社の創業者である三増春次郎が、理化学研究所の大河内正敏博士の助言を受けてヨウ素製造事業に取り組んだというわけです。この大河内博士は、旧上総国大多喜藩主の長男だったそうですから、まあ世が世なら殿様になった方ですよね。当初から千葉県の地場産業という側面もあったのでしょう。

熊谷　非常に興味深いエピソードですね。その井戸水に含まれていた泡が燃えるということがわからなければ、ヨウ素の製造を研究することもなかったかもしれません。そしてその後はヨウ素のメーカーとして発展していったということでしょうか。

山ノ井　当初は銅法と呼ばれる製造法で単体ヨウ素と無機ヨウ素化合物を生産していました。1967年（昭和42年）に公害対策基本法が成立されて、現在と同じブローアウト法という製造法に変更しました。1990年（平成2年）頃から、X線造影剤の需要が伸びましたので、生産量を確保するためにリサイクル事業を本格的に実施するようになりました。2004年（平成16年）より有機ヨウ素化合物事業も立ち上げ、ヨウ素のトータルソリューションを目指して歩んでいます。

熊谷　ということは創業以来、ヨウ素の生産はずっと千葉県に集約しているのでしょうか。

山ノ井　そうですね。もともと千葉県を中心に生産してきた事業です。かつては生産量を増やすために、アメリカのオクラホマでヨウ素の生産をしていたこともありました。もちろん今でもヨウ素がある地域についての情報収集や、製造拠点としての可能性を検討するといったことは常に行っています。

●本社も東京から千葉に、地域振興にこだわる理由

熊谷　千葉工場は日本最大のヨウ素製造能力を誇っているのだそうですね。

山ノ井　はい。当社の千葉工場は単一工場としては日本最大の生産能力で、世界需要の約7%程度の製造を行っています。現在当社では、創業以来のかん水からのヨウ素製造と、リサイクルでのヨウ素製造を行っています。リサイクル生産量は徐々に増加しており、現在ヨウ素生産量の約40%をリサイクルによって生産しています。

熊谷　世界需要の7％がここ千葉で製造されているというのはすごいことですね。近年では本社も東京からこちら、千葉県長生郡長生村に移されました。これにはどういう意図があったのでしょうか。

山ノ井　2022年（令和4年）、長生村に完成した新社屋に本社を移転しました。

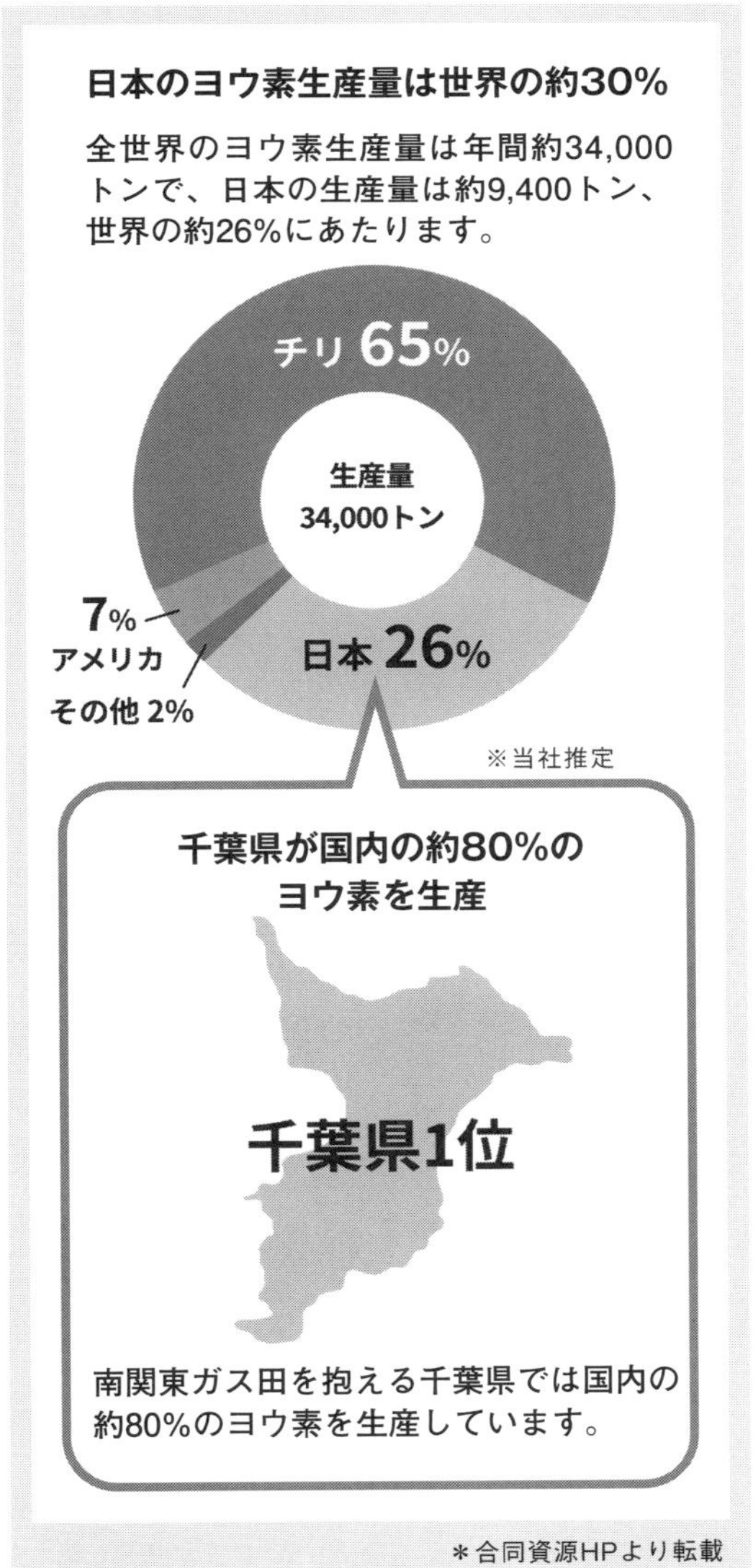
日本のヨウ素生産量は世界の約30%
全世界のヨウ素生産量は年間約34,000トンで、日本の生産量は約9,400トン、世界の約26%にあたります。
チリ 65%
生産量
34,000トン
7%
アメリカ
その他 2%
日本 26%
※当社推定
千葉県が国内の約80%のヨウ素を生産
千葉県1位
南関東ガス田を抱える千葉県では国内の約80%のヨウ素を生産しています。
＊合同資源HPより転載

「地域と相共に生きていく会社」という企業理念を実行し、全社統合によって「決裁のスピード化」や、「製造・販売・研究等全社各部門の連携強化」それに「効率運営の促進」といった狙いがありました。実際、良い効果が出ていると感じます。

それと、茂原《もばら》周辺地区での宅地開発が進んできたことで、昔に比べると我々の仕事はやりにくくなった部分はありますので、本社をこちらに移したほうがお話がしやすいというのはあります。それになんといっても地名がいいじゃないですか。「長生き村」ですから(笑)。

熊谷　とても縁起がいいですよね。山ノ井社長もお若いですし、非常に矍鑠《かくしゃく》としていらっしゃる。企業としても創業90周年にしてなおサステ

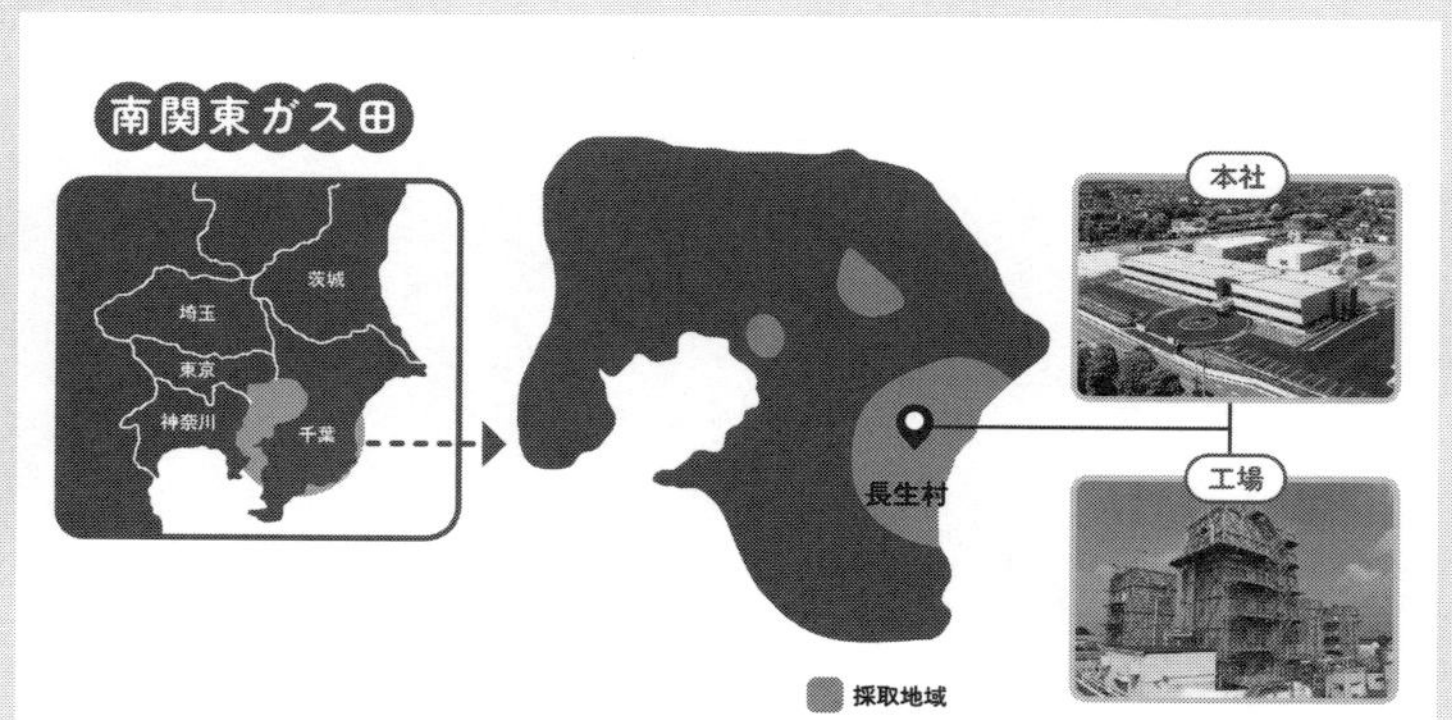

合同資源は千葉県内唯一の村「長生村」に所在。関東地方南部に広がる水溶性天然ガス鉱床「南関東ガス田」のなかでも、長生村を含む九十九里地域一帯は特に天然ガスかん水の生産が盛んな地域

＊合同資源HPより転載

ナビリティに取り組んでいますから、本当に長生き企業のお手本のような存在です。
本社を東京から千葉県に移転されたことに、私たちは本当に感謝していますが、どのような議論が社内であったのでしょうか。生活基盤を動かせない方もいたのではないかと思うのですが、そのあたりはいかがだったのでしょうか。

山ノ井　千葉県への本社移転のための用地取得はだいぶ以前から準備をしていました。25～26人ほど本社勤務の社員がいまして、具体化するなかで一部はサテライトで東京に残すという案もあったのですが、それでは先ほども述べた移転の狙いがあいまいになると私が反対しました。最終的には、生活の事情でどうしても通えないという女性の方が1名、それを機に転職された方が1名、その2名以外は新本社に来ていただけました。知事にも、こうして「よく長生村に来てくれました」と言っていただけて、良かったです（笑）。

熊谷　本当に山ノ井社長のリーダーシップに感謝しています。以前も伺ったのですが、社内のコミュニケーションもよくとれるようになって良かったという話を従業員の方もおっしゃっていました。

山ノ井　いちばん大事なのは、会社が存続できるようにすることですから、千葉県唯一の村である長生村に根ざして、しっかり経営していきます。

熊谷　長生村からすれば、合同資源の本社移転はこれ以上ないお話だったと思います。山ノ井社長から見て、長生村の魅力はどういうところでしょうか。

山ノ井　災害も少ないですし、緑も豊かです。私が入社した頃、このあたりはワラビが採れたんですよ。よく仕事をサボってオートバイに乗ってワラビを採りに来たものです(笑)。海岸が近いので地引き網で獲ったアジを買って食べたら、本当に美味しかったという思い出があります。衣食住と非常に充実した地域ですよ。

熊谷　ええ、本当にいいところですよね。私の知り合いの経営者で長生村に移住されたり、別荘を持っている方もいらっしゃいます。海も近くて、緑もあってということで、子どもをこういう環境で育てたいという方が選んでいるんです。

おっしゃるように農産物もすごく魅力的です。「長生《ながい》き村《むら》」として農作物もブランド化していますね。縁起がいいので、ふるさと納税でも人気と聞きます。そんな魅力的な長生村に本社を移転されたことによって、地元での雇用はどのような状況でしょうか。

山ノ井　もちろん勤務地が長生村になりますので、雇用は千葉県内を中心に行っています。大卒の応募も近隣の方が多い傾向がありますね。高卒採用も近隣の高校から定期的に行っていますし、中途採用の方も地元の方ばかりです。

熊谷　地域振興のためにも大いに貢献していただき感謝しております。そして合同資源では、「女性が男性と共に活躍できる企業の実現」を目指して行動計画を策定するなど、女性活躍にも熱心に取り組んでいますね。

山ノ井　当社の重要な業務に、製品の分析作業があるのですが、それを行う品質管理課が女性の最も多く活躍している部署です。顧客の要求にそった良質の製品を製造していく上で、女性の感性が重要だと感じる場面が多々あります。

熊谷　千葉県でも多様性尊重条例を制定し、男女共同参画を含めた取組を加速しています。初めて女性の教育長が誕生したほか、女性幹部職の人数も過去最多となっています。今後

千葉県長生郡長生村に本社移転

もすべての人々が、多様性を尊重することの重要性を理解し、互いに認め合い、連携し、協力することが、相互作用と相乗効果を生み出し、社会の活力および創造性の向上につながるよう、取り組んでいきます。女性の活躍もそうですが、山ノ井社長が入社された頃と今を比べると、会社や業界全体の様子もずいぶん変わったのではないでしょうか。

山ノ井 もうまるで別の会社に変わりましたね。1966年（昭和41年）に私が入社した当時は、天然ガス事業が中心だったんですが、近年はヨウ素事業が急激に伸長しています。これは先ほども言ったとおり、殺菌剤だけでなく、造影剤や偏光フィルムなどへとヨウ素の用途が増えて、需要が広がったことが大きいですね。

それと、ヨウ素の製造方法が大きく変わったこともあり、作業環境が目覚ましく改善されました。日々、技術も進歩していますので当然のことですが、今後もますます働きやすい環境を作っていきたいと考えています。

ヨウ素の業界全体でいうと、南米チリの存在感が上昇したことがあります。かつてチリ産のヨウ素は硝酸塩を生産する際の副産物であったため、品質が悪かったんです。現在では主産物として生産していますので、品質が飛躍的に向上しました。そして市場が拡大していくなかで、チリの生産量が増大しています。

また公害問題が深刻だった1960年代から、ある程度それを克服した時代、さらに持続可能を目指す現代と、環境保全への意識も大きく変わってきましたね。

熊谷　はい。合同資源は環境保全にも積極的に取り組んでいますよね。それを前提にお聞きするのですが、天然ガスを生産している地域ならではの特徴というのはありますか。

山ノ井　私たち千葉県民は「千産千消」と言いますが（笑）、地産地消のガスがあるというのは、エネルギーコストが安く抑えられますから、企業活動を行う上では非常に有利です。かつては真空管事業を行う日立や双葉電子工業、あるいはメタノール製造を行う三井化学など、天然ガスを利用する企業城下町が形成

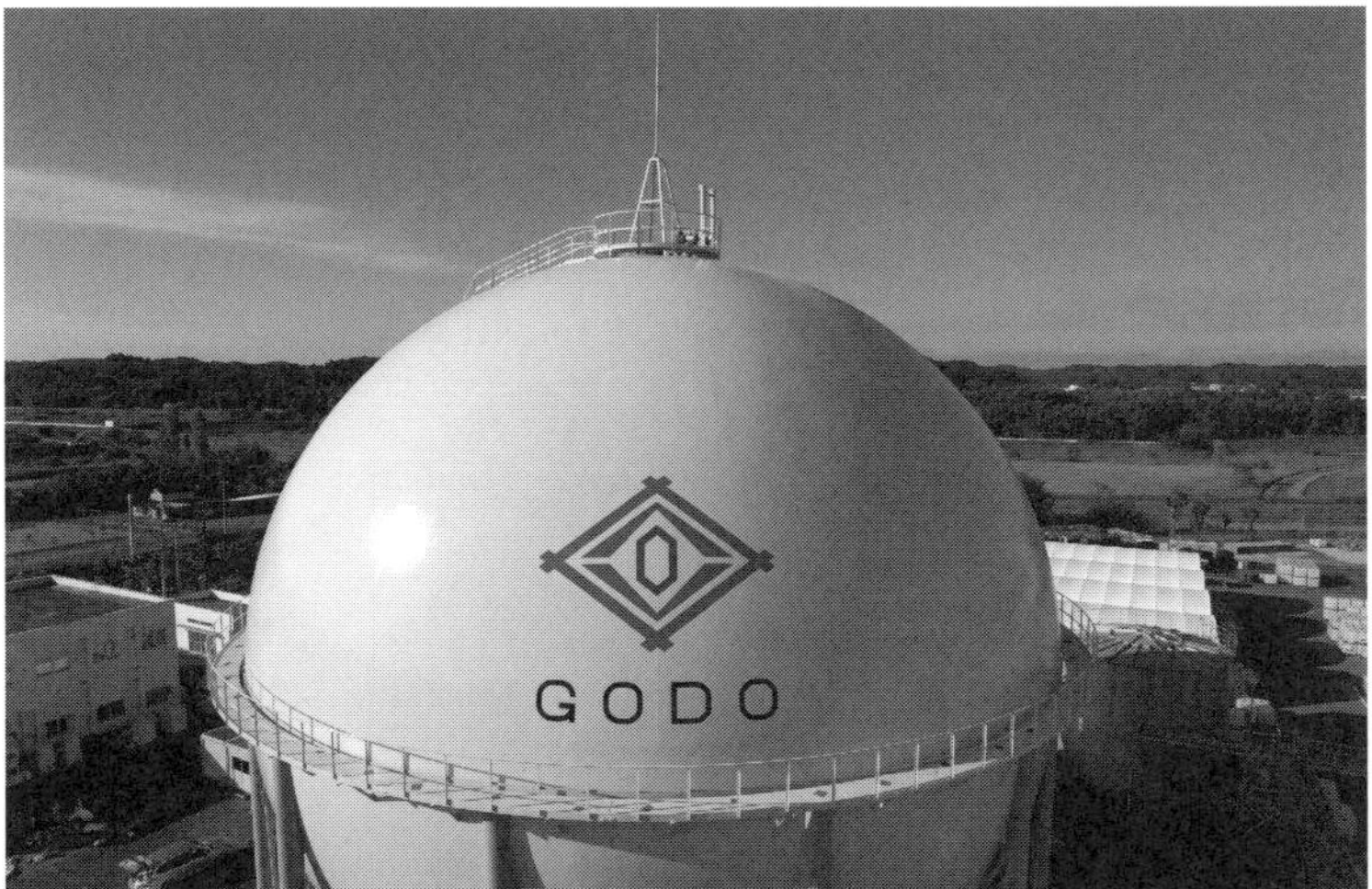

「千産千消」クリーンな天然ガスを千葉県で生産、千葉県で消費する

されていました。

熊谷　エネルギーコストといえば、ロシアのウクライナ侵攻以降、エネルギー価格全体が高騰しました。それにともなって天然ガスの需要も高まっています。特に千葉県の天然ガス生産にマスメディアの注目が集まっていますが、天然ガスの元売り事業を行う合同資源への影響はどのように出ていますか？

山ノ井　エネルギー価格の高騰と言われ続けていますが、当社からの販売量や、販売価格はほとんど変化はありません。輸入ＬＮＧ（液化天然ガス）より価格が安いので増量依頼はありますが、生産量は限られていますので対応できないんです。その一方で、エネルギーコストの上昇とともに、原料や資材などのコストが急上昇しているため、販売価格の値上げをお願いせざるを得ない状況になっています。

熊谷　天然ガスをもっと生産してほしいという期待がある一方で、地盤沈下への影響を考慮した行政の規制に従っていただいている現状と理解しています。率直にそのあたりについてはどのように感じていますか。

山ノ井　地盤沈下の影響に関する行政規制等については、これはやむを得ないと理解しています。将来的には地盤沈下問題を解決し、安価な天然ガスをより多く供給できるようになれば、すべての方に満足していただけるのではないかと思っています。

熊谷　環境保全という意味では、先ほどから何度か話が出ているヨウ素のリサイクルも重要なのではないでしょうか。

山ノ井　はい、おっしゃるとおりです。希少資源の有効活用と環境保全の観点から、当社は業界の先陣を切ってヨウ素のリサイクルに取り組んできました。現在も「製・販・研」が一体となって顧客からの様々な使用済み原料をもとに精力的にヨウ素リサイクルに取り組んでいます。

　その成果が先ほども触れた、ヨウ素の生産量の40％が、リサイクル原料から生産しているという事実です。現在、積極的にチャレンジしているのは、ヨウ素を分離、抽出、濃縮する技術です。

熊谷　リサイクルの取り組みにおいて何か課題はありますか。

山ノ井　入手したリサイクル原料は、技術研究所のリサイクルグループが処理プロセスについて、検討しています。そのため、処理コストの問題がありますので、ある程度ヨウ素量がないと設備投資できないのが課題です。

熊谷　千葉県は海と山に囲まれており広大な自然とともに歩み続ける必要がありますよね。

私も県知事として日々、環境保全については対策を講じているところですが、合同資源の環境保全に対する思いを聞かせてください。

山ノ井　「地域と相共に生きていく会社」というのが企業理念ですので、地域の皆さんのご理解を得るため、環境保全を最優先課題として取り組み、生産活動を継続していきたいと思っています。

熊谷　やはり歴史的には地下水をくみ上げたり、天然ガスを生産したりということになると、地域の方々から怖がられたりすることもあったのでしょうか。

山ノ井　地域の方々にご理解をいただけるように、当社としては環境対策・安全対策等さまざまな取り組みをしています。本社を千葉

に移転したこともそのひとつです。また現在ヨウ素の市況が良く利益も出ていますので、今回、千葉県並びに県下の関係16市町村に寄附をいたしました。お金だけでなく、ブルーシートや土嚢などの防災用品、コロナ対策の抗菌剤など、少しずつ寄附をしています。今後もできることは、地域のためにやっていきたいと思っています。

熊谷　本当にありがとうございます。地域への貢献という意味では、同じ社屋内にある「鉱石資料館」についても伺いたいと思います。地域の小中学校の見学も受けいれられているとのことですが、どういうものなのでしょうか。

山ノ井　当社は、相生工業と磯部鉱業が

小学生の鉱石資料館見学

1965年に合併してできたのですが、その初代社長である磯部清が中心となって、磯部鉱業の時代から金銀鉱石など膨大な数の鉱石標本の収集を行ってきたものです。

収集した標本の数は3000点を超え、ほとんどが休閉山となった国内鉱山のもので、大変貴重なものです。新社屋の一角に鉱石展示室を開設し、全国860鉱山の鉱石標本約1100点、内外の鉱物200種の標本約300点の計1400点ほどを展示しています。

特に全国840鉱山の鉱石標本約920点を県別に展示している全国でも珍しい鉱石資料館です。地域の皆さま・子どもたちには、ぜひご覧いただければと考えております。

熊谷　本当に圧巻の展示で、鉱物に興味のある方も、そうでない方も楽しめますよね。私もこのあと見学したいと思います。

さて、せっかくの機会ですので、千葉県政や千葉県知事である私へのご意見などありましたら、率直にお聞きしたいと思います。

山ノ井「天然ガスとヨウ素」は千葉県が誇る天然資源です。ぜひご理解を深めていただき、より積極的なご支援をお願いしたい、と思っています。熊谷知事にはSNS、県民だよりなどで千葉県のヨウ素について積極的に発信していただいていますし、県幹部も弊社を訪問頂くなど、以前にもまして理解が広がっていると感じています。

熊谷　わかりました。では最後に読者にメッセージがありましたら、お願いいたします。

山ノ井　はい。ヨウ素を生産して今年2024年で創業90年になりますが、常に技術力を高めて、千葉県の大変貴重な地下資源の有効活用を考え、単体ヨウ素のみならず、無機・有機のヨウ素化合物もお客様からのご要望に応えるべくご提供して、安定生産を心掛けております。また、千葉の地場事業者として、千葉県からより多くの雇用を行い、地域に貢献することを心掛けております。

今後ともご理解ご協力のほどお願いいたします。

熊谷　山ノ井社長、今日はありがとうございました。

Toshio Yamanoi

山ノ井 敏夫（やまのい としお）

株式会社合同資源 代表取締役社長

1947年6月３日生まれ。1966年㈱合同資源に入社。同社取締役千葉事業所副所長兼総務部長（2007年）、同社常務取締役千葉事業所長兼環境安全室担当（2010年）、同社代表取締役常務千葉事業所長（2015年）などの要職を経て、2018年12月に同社代表取締役社長に就任。2022年5月には千葉県長生村に新事務所が完成し、東京本社と千葉事業所を統合。本社を同地に移転した。地域に深く根差した企業として、地域住民から理解され信頼される企業活動に努め、安定したヨウ素などの生産活動を進めている。2034年に創業100周年を迎えるべく、地域と共に発展を目指している。

※本対談は2024年８月に行われたものです

合同資源、ヨウ素のことが5分でわかる！

https://www.godoshigen.co.jp/

世界有数のインフラは安全・安心の力で千葉を守る

八《や》木《ぎ》茂《しげ》樹《き》さん

（東京湾アクアライン）
東京湾横断道路株式会社 代表取締役社長

熊谷俊人 ×

東京湾アクアラインといえば千葉県と神奈川県をつなぐ世界有数のインフラです。1日に何万台もの車が海の上を、そして海の下を走る、そんな特別な道路です。

24時間365日にわたり「安全・安心」が求められるのはもちろん、老朽化しないよう適切な維持管理も必要とされます。

千葉県にとっては「生命線」とも言うべき東京湾アクアラインの特殊性や重要性について、東京湾横断道路株式会社の八木茂樹社長と語り合いました。

●海底トンネルと日本一長い橋

熊谷　子どもの頃、地図帳に「東京湾横断道路」が将来構想として地図に描かれていて、「夢があるけど、実現するのかな」と思っていたのを今でも覚えています。改めて建設や整備に関わったすべての方に敬意を表します。

さて、東京湾アクアラインについて詳しいことを知らない方でも、「すごい」というのはわかります。今日は改めて、東京湾アクアラインの便利さ、快適さ、進化など、毎日管理・運営していただいている皆さんのご努力に関心を持ってもらえるような話を聞けたらと思っています。よろしくお願いいたします。

八木茂樹社長（以下、八木）　ありがとうございます。

熊谷　さっそくですが、東京湾アクアラインは首都圏にとってはなくてはならない存在ですが、改めて全体像を教えてください。

八木　東京湾アクアラインは、（神奈川県）川崎市の浮島と（千葉県）木更津市の金田の間を結ぶ全長15・1㎞の高速道路です。西側、川崎側の9・6㎞が「東京湾アクアトンネル」という海底シールドトンネル、東側、木更津側の4・4㎞が「東京湾アクアブリッジ」

という海上橋梁《きょうりょう》、その他土工等陸上部1・1kmの構成でできています。

川崎側は大型船の航路なので海の下を通してトンネルに、木更津側は海上橋梁ですが航路でもあり、総トン数約2000トンの船舶が航行可能な航路を確保しています。全体的な構造はこうなっています。

熊谷　なるほど。意外とご存じない方も多いのですが、東京湾アクアブリッジは日本で一番長い橋なんですよね。

八木　はい、そうです。長さ4・4kmで橋長としては国内で第1位です。第2位は明石海峡大橋（兵庫県神戸市垂水区東舞子町と淡路市岩屋とを結ぶ）で、こちらは東京湾アクアブリッジのあとにできた橋ですが、長さ3・9kmです。

熊谷　さらに長い橋を造ろうという計画は今のところないようですので、当面、日本一です。大変誇らしいですね。トンネルのほうはどうですか。

八木　道路トンネルで日本一長いのは首都高の山手トンネルの18・2kmで、9・6kmの東京湾アクアトンネルは第4位です。

熊谷　ああ、山手トンネルは長いですからね。第2位と第3位はどこですか。

八木　第2位は約11・0kmの関越トンネル、第3位は約10・7kmの飛騨トンネルです。

熊谷　ちなみに青函トンネルはどれくらいの長さですか。

八木　青函トンネルは、鉄道トンネルなのでまた違うランキングになりますが、約54㎞で、現在はスイスのゴッタルドベーストンネルの約57㎞に次いで世界第2位です。

熊谷　それでも東京湾アクアトンネルの距離と技術は誇りです。その東京湾アクアラインですが、トンネルと橋と、あと途中に特徴的な建造物がいくつかありますね。

八木　はい。長大トンネルですので換気の設備が必要であり、のちほど説明しますが、シールドマシンの発進地点を利用して浮島と風の塔に換気所を設置しています。また「海ほたる」ですね。こちらもシールドマシンの発進

日本一長い東京湾アクアブリッジ

地点とするために大きな人工島を造りましたので、それを利用し休憩施設として海ほたるパーキングエリア（PA）としました。

熊谷　約10㎞にも及ぶトンネルはどのように掘ったのでしょうか。

八木　陸上の山の中であれば山岳工法というトンネルの掘り方をしています。専門用語では、新オーストリアトンネル工法（New Austrian Tunneling Method、略してNATM・ナトム）と言います。しかし東京湾アクアラインは海底ですので、水密性を高めなければいけないため、シールド工法を採用しました。これはシールドマシンという機械でトンネルを掘り進めていく工法で、同時に掘った部分が崩れないようセグメントという水密性の高

空撮した海ほたる

い壁を円形に組み立てていきます。トンネルの外径は14・14mあり、当時では世界最大級のシールドトンネルでしたが、技術的に掘れる長さは2・5㎞程度が限界だったため、浮島から発進したマシンと、中間の風の塔から浮島側へ発進したマシンがその真ん中で接合する。また海ほたるから発進したマシンと、風の塔から海ほたる側に向けて発進したマシンがその真ん中で接合するというやり方で、全長9・6㎞のトンネルを掘っていきました。トンネルは上下1本ずつですので、8機のシールドマシンを使って掘っていきました。

熊谷　風の塔や海ほたるは、換気所やPAであるのと同時に、シールドマシンの出発地点でもあったんですね。工事は簡単ではなかったと思いますが、どんな点が大変でしたか。

八木　苦労したことは多々あったと思いますが、そのうちのひとつはトンネルは中が空洞なので浮力で浮き上がってしまうことでした。お風呂の中にホースを沈めようとしても難しいのと同じです。それで浮き上がり防止のためにシールドマシンの発進地点周辺には地盤改良を行いました。海底からの深さを決める際も、浮き上がらないようにするにはどれくらいの深さが必要かによって決めました。そろそろ開通して30年になりますが、当時としてはトンネルにしても橋にしても様々な最先端の技術を使って造ってきたということです。

●房総半島に住むという選択肢

熊谷　開通以来、交通量はどのように推移したのでしょうか。

八木　開通当初1997年（平成9年）12月時点では普通車の通行料金が4000円と高い設定だったため、敬遠されてしまい交通量も1日あたり約1万台でした。計画としては開通時2～3万台、将来5～6万台は通ってくれるだろうというものでしたから、せっかく造ったのに当初は厳しい状況でした。

■東京湾アクアラインの交通量

◆関連するネットワークの整備やETC割引（社会実験）により交流や利用が活性化

◆交通量の増加とともに、休日を中心に交通集中渋滞が顕在化

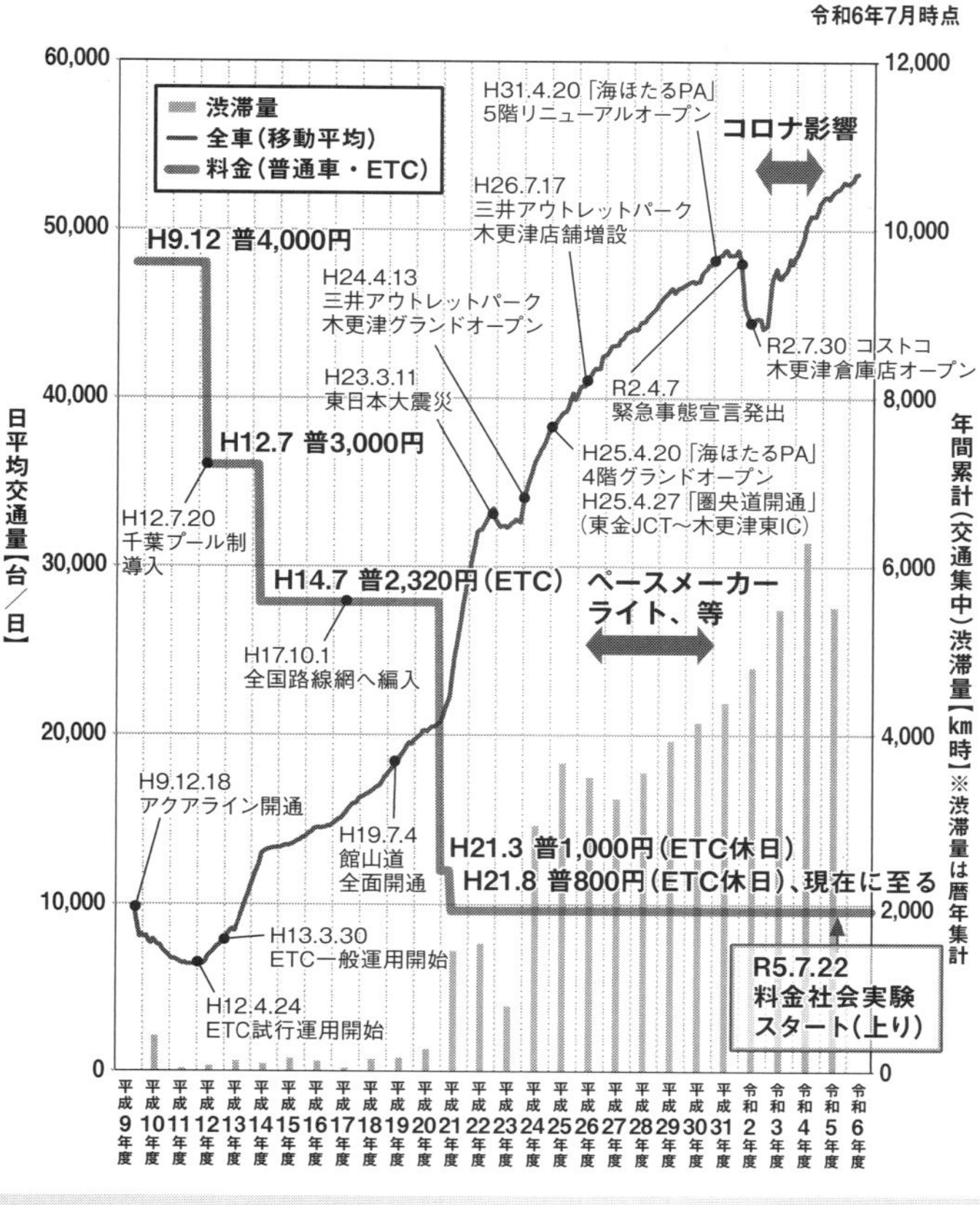

その後、2000年（平成12年）7月に3000円、2002年（平成14年）7月にはETC搭載車であれば2320円と料金を徐々に下げていくと、それにつれて交通量も2万台ほどになりました。さらに2009年（平成21年）8月からは社会実験として800円に設定したところ、交通量が大きく伸びて3万台を突破しました。

2011年の東日本大震災で一時的に減少しますがすぐに回復しました。その後も三井アウトレットパーク木更津のオープンと拡張、木更津東インターチェンジ（IC）と東金ジャンクション（JCT）を結ぶ圏央道の開通、さらに海ほたるPAの駐車マスの拡充などもあり、交通量は5万台に達しようとしていたのですが、コロナ禍で再び減少しました。

しかし減少幅は1割ほどで、日本全体がコロナで受けたダメージに比べると少なかったように思います。2020年7月にはコストコ木更津倉庫店もオープンしています。

そういうことで、コロナからの復調期に入ってからは再び順調に伸びていて昨年は5万台を超え、直近2024年度の夏季繁忙期では6万台を超えるところまで来ました。ようやく当初想定していた交通量にほぼ近い、あるいはときに超えるほどになりました。

熊谷　なるほど。こうして見ると、もちろん料金設定を大幅に下げたインパクトも大きかったのでしょうが、東京湾アクアライン利用者の増加により千葉にたくさんの人が来るようになり、商業施設や、レジャー産業が元気になり、さらに東京湾アクアラインが利用される……という好循環に入っているのがわかります。東京湾アクアラインの経済効果は計り知れない数字になりますね。

八木　おっしゃるとおりで、通勤・通学、ビジネス、観光、そしてゴルフや釣りといったレジャーなど経済効果は莫大《ばくだい》なものがあります。少々古いデータですが、２０１７年（平成29年）に東京湾アクアラインが20周年を迎えた際に、かなり大がかりに経済効果の調査を行いましたので、それをベースに説明します。もちろん知事はご存じの内容ですが、読者の皆さまの参考になればと思います。

まず挙げられるのが首都圏と房総各地を結ぶ高速バス便の増加とそれによる影響です。便数は20年間でだいたい4倍ほどになったそうです。便数の増加とともに特徴的なのは、発着点が拡大したことです。木更津、木更津アウトレット、君津、館山、安房鴨川、勝浦、御宿、茂原、大網、東金、五井、蘇我と、千葉県内広域的に発着点が広がったようです。また木更津をはじめバスターミナル周辺は、駐車場が整備され、パークアンドバスライドが定着していると聞いています。

高速バス便の増加は、通勤・通学圏の拡大をもたらしたと思われ、たとえば午前7時台の木更津金田バスターミナルから東京・横浜方面への便は18便あり、2~3分に1本のペースで発車しています。通勤・通学利用の方のうち、約7割が千葉側発、約3割が神奈川側発と聞いています。

熊谷　千葉県内のいろいろなエリアに、神奈川や東京へのバス通勤、バス通学という選択肢までが加わったんですね。

八木　そのとおりです。居住地の選択肢を広げたのは間違いないと思います。特に木更津地域では住宅着工数がずっと増加トレンドにあり、この少子高齢化時代にあっても人口が増加して、小学校が33年ぶりに新設されたようです。首都圏の便利さの恩恵を受けつつ、自然豊かな環境で子育てをしたいという層に

海ほたるから眺めた東京湾アクアライン

マッチしたのだと思います。

熊谷　人口や地価の変化を全県的に見ても、東京湾アクアライン着岸点周辺が伸びており、東京湾アクアラインの好影響がはっきりと出ています。

八木　はい。さらに移住や二地域居住によって房総半島に生活拠点を置こうとする動きも活発化しているようです。定年退職など引退後の新生活スタートを機に房総へ移住しようという高齢者は確実に増えているようで、少し古いデータですが南房総市では移住・二地域居住の相談件数を記録していて、２０１２年（平成24年）度を1とすると、２０１５年（平成27年）度で2・4、２０１７年（平成29年）度で5・9という伸びを示しているとのことです。

●千葉で遊ぶという選択肢

熊谷　「房総半島に住みたい」というニーズが高まったのは、東京湾アクアラインができて利便性が高まったことが大きな要因であることは間違いありません。成田空港と羽田空港、両方にアクセスが良いということで企業立地にも役立っています。もちろん、観光やレジャー目的の方が神奈川、東京などからたくさん千葉に来てくれるようになったことも大きいですよね。

八木　はい。アンケートによると、東京湾アクアラインの利用目的を「観光」と答えた人は、平日で55・2％、休日は実に77・1％に達しました。これはＮＥＸＣＯ東日本が東京湾アクアラインを利用したことがある首都圏在住の６０００人を対象にしたアンケートなのですが、東京湾アクアライン開通による効果についても、「観光地の選択肢が広がった」が最多で、54・6％の人が挙げました。

それから特徴的なのがゴルフのお客さまです。２００1年から２０１6年の15年間で、日本全国のゴルフ人口は半数以下になったと言われますが、千葉県のゴルフ場では同じ期間でお客さまが1割以上の増加となっているようです。ゴルフ場関係者の話では、東京湾アクアラインができる前は県内ゴルファーの利用がほとんどだったそうです。それが現在では、県内ゴルファーは3割ほどで、神奈川県からが4割、東京からが3割になったそうです。

熊谷　アクアラインが渋滞する時間帯を見れば、ゴルフ目的の利用者がいかに多いのかがわかりますよね。

八木　普通車の時間別交通量がそれを裏付けています。神奈川から千葉への下り線は平日、休日ともに朝の5時、6時にピークを迎えます。そして帰りの上り線のピークは平日で15時、より渋滞を避けようとする休日は14時前と、まさにゴルファーの行動パターンと合致しています。釣り客もほぼ同じ行動パターンですが、まあ体感的にもゴルフ利用の方が圧倒的に多いと思われます。

千葉から神奈川の上り線は朝6時から8時にくっきりとピークがあり、帰りの下り線は17時くらいにきわだったピークがあります。こちらは千葉の方たちによるビジネス利用だと思われます。

熊谷　もちろん千葉を拠点にした企業にとってのメリットも大きいでしょうね。でもやはり東京や神奈川から、千葉にたくさんの人が

やってくるほうが圧倒的ですね。おかげで千葉の地場産業にも好影響が出ています。

八木　これは君津市内の農産物直売所のデータなのですが、来客数は2倍近くまで増えていて、合わせて売上高も2倍近くになっているようです。

熊谷　千葉の野菜、果物は本当に美味しいですからね。あとは魚介類も新鮮です。

八木　鋸南《きょなん》町の保田《ほた》漁港の「ばんや」が有名ですね。もともと魚食普及のために漁協が直営のお食事処を開店したのがスタートで、そのときは小さなコンテナハウスだったようですが、東京湾アクアラインで多くのお客さまが来るようになり、観光バスのルートにもなってどんどん規模を拡大したようです。遊ぶ・泊まるが楽しめる複合施設として年間40万人が来客するまでになったと聞いています。

熊谷　保田漁港の「ばんや」は今盛んに言われている「海業」の原型とも言える取り組みですね。「海業」とは海や漁村の地域資源の価値や魅力を活用し、新たな地域のにぎわいや所得と雇用を生み出す施策です。千葉県では他の漁協でも取り組みが進んでいます。

八木　土日は60~70人の地元スタッフが雇用されていると聞いていますから相当のものですよね。そういう意味では、企業の製造拠点や物流拠点の見直し時に、千葉県が選ばれるケースも増えているようで、木更津市の「かずさアカデミアパーク」「かずさアクアシティ」、袖ケ浦市の「椎の森工業団地」、茂原市の「茂原にいはる工業団地」などが企業誘致をされていると聞いており、医薬品、電子機器、機械などいろんなジャンルの企業が来ているようです。安定した仕事があるおかげで人が住み、商業施設やレジャー施設ができる。そこへ観光客もやってくるという、好循環になっているのですが、その前提に東京湾アクアラインがあるのであればありがたいことです。

●知られざる東京湾アクアラインのメンテナンス

熊谷　もはや欠くことのできないインフラであり、ライフラインでもある東京湾アクアラインですが、あと少しで30歳になるといいますから、老朽化の問題も出てくると思います。どのように対処していますか。

八木　これは重要な問題だと捉えております。なんといっても海底のシールドトンネルという特殊な構造は、国内はもちろん海外でもそれほど多くありませんし、海上橋梁には潮風の影響が甚大という特殊性があります。道路のメンテナンスには、「点検↓診断↓措置↓記録」、そしてまた点検と回していくメンテナンスサイクルというものがあります。まず異常がないかの点検からはじまって、損傷がある場合にどの程度の損傷なのかを診断します。それを受けて、補修する必要があれば補修しますし、経過をみるのならば観察方法を決める。こうしたことをすべて記録してデータベースを構築する、こういうサイクルです。このデータベースには、構造物の部位ごとの記録があります。こういう「ＰＤＣＡサイクル」を回しているのは我々だけでなく、あらゆるインフラで行われていることだと思います。

ただ東京湾アクアラインは構造が特殊なので、メンテナンスのやり方も特殊です。地上の橋梁でしたら高いところは高所作業車を路面に固定するなどしてできるのですが、海上橋梁となるとそれはできないので、最初から橋梁点検車と、それを走らせるレールが据え付けてあります。橋の裏側を端から端まで点検できるよう橋桁の幅と同じ長さがあります。そのままでは通過できない橋脚のところは、90度回転して隙間を通るように造っています。側面にもレールがあって、側面用の点検車が据え付けられています。またランプ橋等の点検は、オーバーハングするアームのある橋梁点検車を使います。橋上に車両を固定し、先端に点検員が乗るバケットが付いた長いアームを下ろします。

トンネルの場合は外側からの点検はできませんので、内側からの点検のみとなります。

車線を規制した上で、覆工の点検を行います。覆工というのは、トンネル外周の壁を覆ったコンクリートのことです。点検の方法は橋梁もトンネルも同様で、点検員が目視で行い、必要に応じてハンマーで叩いたときの音を聞いて判断します。

橋梁は潮風にあたりますのでダメージを受けたところは1カ所1カ所補修します。舗装面にはポットホールと呼ぶアスファルトが剥がれた穴が開きます。そういうところも一つひとつ埋める作業をします。

ただ元どおりに直すだけでなく、より高機能にしようという取り組みもしております。より耐久性が高く、環境に優しく、魅力的なものにしようということです。たとえば20

橋梁点検車。橋梁を一カ所、一カ所点検する

14年に完成した照明のリニューアルがそうです。かつて東京湾アクアラインの橋の上の照明は、照明ポールで高いところから照らしていたのですが、今は欄干の低いところからLEDで照らしています。これによって明るく見やすくなり、電気代が40％削減できたことに加え、走行時や海ほたるPAからなど、離れて見ても美しく、東京湾アクアブリッジをより魅力的にしました。

我々にとっても高所作業が必要という弱点が見事に取り除かれメンテナンスが極めてやりやすくなりました。

トンネル内も以前のナトリウム灯というオレンジの光からLEDの白色灯に変えたことにより走りやすくなりました。

そのほかに海ほたるのトイレも綺麗にしました。単に直すだけでなく、より高機能、あるいは心地良いものにしていこうと取り組んでいます。

今、進めているのは、海ほたるの中央にある階段とエスカレーターです。やはり30年近く経って老朽化してきたので、取り換える工事を始めました。

大きな設備の取り換えで大量の資材を運び込んだり、運び出したりする必要があるので、5階建ての海ほたるの建物の外側に巨大なクレーンを設置し、建物越しに搬入搬出をしています。昼間はお客さまが大勢いらっしゃいますのでそうした作業はできませんから、利用の少ない夜間に工事を行っています。２０２７年（令和９年）の東京湾アクアライン30周年に間に合うように進めています。

熊谷　東京湾アクアラインが老朽化しないように、また魅力が損なわれないようにと、皆さんが一丸となってコツコツやっているのがよくわかりました。

●事故への備えも万全

熊谷　あと伺いたかったのが、事故についてです。東京湾アクアラインでの事故はほかの道路と比べて多いんでしょうか。

八木　そのご質問への答えは、かなり少ないですということになります。その根拠も挙げたいと思います。事故の起きやすさを表す指標に、「死傷事故率」というのがあります。死傷事故件数を区間ごとの交通量（台数）と区間延長（キロメートル）で割ったもので、自動車の走行の全体量に対しての死傷事故の発生割合を表しています。

それによると、東京湾アクアラインは１億台キロあたりの発生件数が10・１件です。それに対して、ＮＥＸＣＯ東日本関東支社管内の高速道路全体は３・３件、全国の道路全体は47件となっています（２０２１年）。残念ながら関東の高速道路の３倍ほどになっていますが、東京湾アクアラインは総延長が短いので、ちょっと不利なところがあるのです。それでも国道県道市町村道を含めた道路全体に比べると、５分の１ぐらいの数値ということです。ですから、一般的に高速道路は安全だと言われていますが、東京湾アクアラインも同様だと思ってください。

それでもやはり事故は起きます。ＮＥＸＣＯ東日本関東支社では道路管制センターというところで、東京湾アクアラインだけではなく関東の高速道路すべての交通の流れを大き

道路管制センター 関東支社

なモニターで一括して監視しています。パトロールカーがどこを通っているかとか、渋滞、事故をはじめすべての異常が表示されます。東京湾アクアトンネル内の監視カメラは150m間隔で設置されていて、リアルタイムで映像を見ることができます。

熊谷　事故が発生した場合は、この道路管制センターが指令を出して対応していくんですね。

八木　そうです。のちほど先日発生した火災を伴う事故を実例として紹介しながら、対応の実際を説明しようと思います。

その前に設備を説明しておきます。火災検知器は25mごとに設置され、火災の際には壁面に設置した放水ノズルから水噴霧で消火をします。火災検知により自動噴霧も行いますし、道路管制センターから操作することもできます。消火器・消火栓は50m間隔で設置されています。火災時の排煙用にブースターファンという大きな送風機があります。トンネル内には、だいたい150m間隔で非常電話が設置してあり、道路管制センターに通報できるようになっています。

それから非常口が300m間隔で設けられています。トンネル内の非常口は扉を開けてくぐると滑り台になっており、それを滑り降りると、非常用通路のある道路の下のスペースに出ることができます。

熊谷　トンネルの道路の下に通路があるというのはあまり知られていないでしょうね。

八木　そうかもしれませんね。非常用の通路は東京湾アクアライン専用の小型消防車が走行できるようになっています。トンネルの川崎側の入り口にある浮島車庫に配置した３台には、川崎市消防局臨港消防署浮島出張所の消防隊員が乗り込み、下り車線を担当します。トンネルの木更津側の入り口、海ほたるに配置した３台には、木更津市消防本部木更津消防署金田分署の消防隊員が乗り込み、上り車線を担当します。消防車は非常用通路を進み、３００ｍ間隔に設置された消防進入路から消防隊員が上の車線に出て消防活動を行います。

■トンネルの道路の下に通路が存在する

トンネル断面の実物大模型

トンネル断面（標準部）

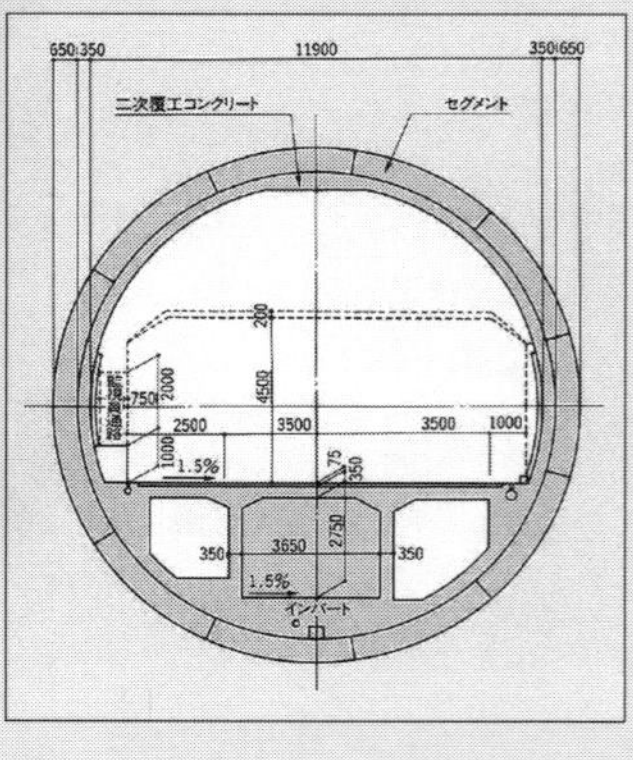

熊谷　今までどれくらいの頻度で消防車が出動しているんですか？

八木　火災自体は押し並べて約2年に1回程度あるのですが、水噴霧で消し止められることも多く、消防隊員による本格的な消火活動というのは、27年間で数件といったところです。実は先日の火災でも消防車は出動しましたが、初期対応を水噴霧で行うことで延焼を食い止めることができました。

熊谷　なるほど。水噴霧によっていち早く対処できるのが大きいということですね。

八木　そのとおりです。設備点検も常々行っていて、トンネル内の事故や火災がいつ起きても大丈夫なように準備をしています。

緊急車両が通れる通路

●2024年8月28日の火災を例に

熊谷　先日の火災への対応について詳しく教えてください。きっと事故対応が具体的に利用者や読者に伝わると思いますので。

八木　はい、2024年8月28日水曜日の午前11時55分頃、東京湾アクアトンネル上り線1・4キロポスト付近、つまり木更津側から走ってきて、あと少しで川崎側のトンネル出口という地点で事故が発生しました。中型トラックや大型トレーラーなど計3台が絡む事故でした。トラックとトレーラーに挟まれた軽貨物から火災が発生しました。火災確認後、ただちに東京湾アクアラインの上下線でNEXCOと調整して通行止めを開始しました。この日は台風10号が接近していたのもあり交通量は少なめでしたが、それでも事故によってトンネル内に滞留した後続車両が約270台ありました。

火災確認から約3分後に火災拡大を防ぐため、トンネル内に設置している水噴霧装置から霧状の散水を開始しました。

水噴霧で火災拡大を抑えつつ、通報を受けて速やかに到着した消防隊の消火活動により、事故からおよそ1時間後には鎮火しました。

トンネル内の火災ということで、事故対応に長時間かかることが見込まれましたので、発災直後からお客さま向けのトイレカーと緊急支援物資を用意し、そのうちまずトイレカーが14時過ぎには現着しました。トイレカーというのは、簡単に言うと軽トラックに簡易トイレを載せた移動式トイレで、先行して2台、少し遅れて2台、計4台を路肩に配備しました。

滞留車のお客さまに配る緊急支援物資は、水、非常食、携帯トイレなどです。これらはＮＥＸＣＯの管理事務所に常備しておりますので、合計４００セットを2回に分けて順次配布しました。

並行して上り線のトンネル内に滞留した約２７０台の車両を順次流出してもらいました。東京湾アクアトンネルのちょうど中央の風の塔には上り線と下り線を行き来できる連絡通路があります。これを使って、上り線から下り線に渡って木更津方面へ抜けていただきました。風の塔より先に進んでいた車については、小型車の場合はトンネルの中で向きを変えて、風の塔まで逆走してもらいました。トンネル内で転回できない大型車はバックで風の塔まで戻り下り線から木更津方面へ抜けていただきました。

現場検証や設備の安全確認の目途が立った火災現場の追越車線が通れるようになりまし

たので残りの大型車両も先頭から抜けていただき、こうして18時過ぎには270台すべての車両滞留が解消しました。
これにより下り線は19時に通行止めを解除しました。一方、上り線は、事故車両の検分など警察や消防関係の確認が終了したあと、アスファルト舗装やトンネルの覆工が熱で損傷していないか詳細な点検を実施し、異常がないことを確認して、21時20分に通行止めを解除し、事故対応を完了しました。
熊谷　その間およそ9時間超ですか。トンネル内で長時間滞留されていた方々も、状況がわからずに困ったのではないでしょうか。
八木　今回の事故にあたっては、NEXCO東日本関東支社のX（旧Twitter）のアカウントを通じて、現在の状況やトイレカーの配置位置などについて情報発信を行っています。通行止め、消火活動の様子、滞留車を風の塔から下り車線へと誘導している様子、トイレカーの位置変更などの状況を写真付きで14件投稿し、1258万回の閲覧数がありました。結果的にXのフォロワー数も3700人ほど増えましたので、今回の事故をきっかけに、情報収集の手段として認識していただけたのだと思っております。
熊谷　実際、270台の方々がどれだけXの情報にアクセスできたかわかりませんが、友人知人や会社の人などと連絡をとる過程で、ＮＥＸＣＯのアカウントを知ったかもしれませんね。ＳＮＳの活用は非常時に大変有効な情報提供だと思います。アクアラインの管理を担当する職員の皆さんも大変なご苦労だったと思います。

八木　ＮＥＸＣＯ東日本関東支社では、発災直後に対策本部を立ち上げ、その指揮のもと、東京湾アクアライン管理事務所をはじめ我々東京湾横断道路株式会社や協力会社などの担当者が総出で事故、火災の対応にあたりました。

●地震や津波にも強い

熊谷　とても手際よく事故対応にあたっているということと、それでもいざ火災発生となると、どうしても長い時間通行止めになってしまうというのがよくわかりました。

あと心配なことというと、海底トンネルにとって、電力は絶対に必要不可欠ですよね。電源を喪失してしまうような事態に、どう対処しているのでしょうか。また、電気代の高騰で大打撃を受けているのではないでしょうか。

八木　おっしゃるとおり、すべての設備は電力を前提にしています。ですから非常用電源として発電機を、浮島換気所（4000kVA）、海ほたるPA（750kVA）、川崎浮島JCT（375kVA）、木更津金田本線料金所（250kVA）と4機備えています。ご安心ください。

東京電力から電力を供給してもらっていて、確かにウクライナ戦争前から電気代が高騰しました。ただここしばらくは少し落ち着いています。それよりも、電力使用量を大幅に減らしたことをお伝えしたいと思います。開通直後と現在を比較すると、電力使用量はほぼ半分になっているのです。ひとつは照明がLEDになったことで電気代は17％減りました。また、車の性能向上により排ガスの排出量が下がったことでトンネル内の換気の見直しを行い、風の塔などで稼働していた換気量を減らしたことで30％ほどの削減効果がありました。

熊谷　その削減幅は素晴らしいですね。排ガスをクリーンにする技術は、環境保全の効果も非常に大きいわけですが、省エネにも寄与することなど、電力の保全についてもよくかりました。

あと敢えて根本的なことを質問しますが、地震や津波によってトンネル、電気設備、PAなどが浸水する恐れはないのでしょうか。

八木　海底トンネルですので、坑口から海水が入ってくることが最も懸念されるのですが、浮島と海ほたるどちらの坑口も浸水域には入っていません。

熊谷　東京湾の場合は、想定される津波の高さが最大でも3～4ｍとされていますよね。そもそもそれよりも坑口は十分高いところにあるということですか。

八木　はい、そのとおりです。さらに現在防潮堤の嵩上《かさ》げも行っているので、より安全になります。ただそうは言っても、何が起きるかわからないのが災害でもありますので、万一に備えて排水ポンプが風の塔に設置してあります。東京湾アクアトンネルの構造は、中央にある風の塔のところが低くなっていますので、万一浸水した場合、風の塔に海水が集まります。またそこには貯水プールが設置してありますので、一時的に海水を溜め込むことができ、さらに排水ポンプで外へ排出することができるようになっています。先ほど言った非常用発電機がそれぞれのところに設置してあり、排水ポンプの電源が失われないようにしています。

また、津波が懸念される大地震が起きたら、東京湾アクアラインに限らず高速道路の場合、各インターチェンジに設置している震度計の数値によって通行止めにします。東京湾アクアラインも一定の震度を計測すると通行止めになります。

●渋滞解消のための工夫

熊谷　地震や津波の安全対策もよくわかりました。ほかにもいろいろな課題に取り組んできたと思うのですが、交通量の増加にともなって渋滞も増えてきました。これまで実施してきた東京湾アクアラインの渋滞対策について教えてください。

八木　東京湾アクアラインの渋滞ポイントはいくつかあるのですが、ひとつは勾配の変化点です。たとえば木更津側から来て、下り勾配から水平になるようなところや逆に勾配が上りになるようなところですね。それともうひとつは、車が合流するところです。これを合流摩擦と呼びます。特に勾配の変化点では、気がつかない間に速度が落ちることになり、いわゆる自然渋滞が発生します。そういう箇所には、ペースメーカーライトというものを設置しています。光が一定の間隔で移動するしくみなのですが、その光を追いかけて走行してもらい速度低下を抑制するものです。一定程度の効果は得られています。

熊谷　ほんの少しの知恵や工夫で大きく改善されるんですね。

八木　はい、大きく変わります。あとは合流のところですが、これも工夫をしています。金田ランプでは本線に合流する際、広い場所があるのに2列に整列してしまっていたのを、路面標示を変更して、5列くらいに広がって進めるようにしました。

あとは、合流ポイントの車線で交通量の多い車線と少ない車線がある場合は、バランス良く合流させることで渋滞解消が図れます。図で説明したほうがわかりやすいと思いますが、これは川崎浮島JCTです（下の図）。首都高速川崎線から来る流れ、首都高速湾岸線から来る流れ、浮島入り口から入ってきた流れという3つの流れを2車線に合流させるのですが、以前は台数の少ない川崎線の流れは摩擦がなく、台数の多い湾岸線の流れと浮島入口からの流れに摩擦が生じていました。それを変更して、川崎線からの流れを湾岸線からの流れに合流させる一方、浮島入口から

■川崎浮島JCT 区画線変更2024年（令和6年）2月

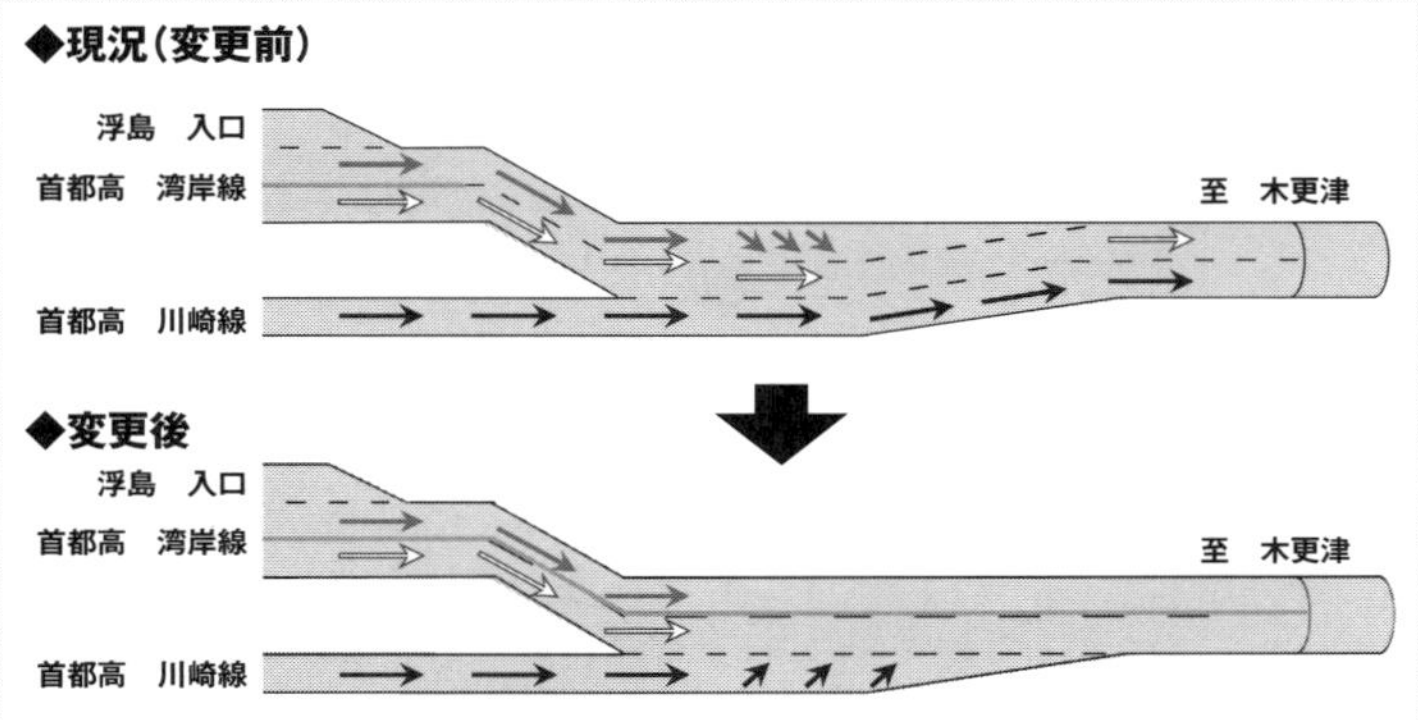

出所：NEXCO東日本HP　【CA】東京湾アクアライン（下り線）夜間通行止め及び夜間ランプ閉鎖のお知らせ　2023年（令和5年）12月25日
https://www.e-nexco.co.jp/pressroom/kanto/2023/1225/00013255.html

の流れには摩擦がかからないようにしたところ、かなりスムーズになりました。

　こちら（下の図）は、路面標示の改良で渋滞解消になった事例です。上り線川崎浮島JCT手前、トンネルから浮島へ出るところです。２車線できて、浮島出口から降りるには右側の追越車線にいる必要があり、また湾岸線横浜方面へ行くには左側の走行車線にいる必要があります。ただ圧倒的に多い湾岸線東京方面へ進む場合は、どちらの車線にいても良いのに、改良前の路面標示では追越車線にのみ「東京」が書かれていました。それを両車線ともに東京と入れたことで渋滞解消につながりました。

■路面標示の改良　上り線 川崎浮島JCT手前

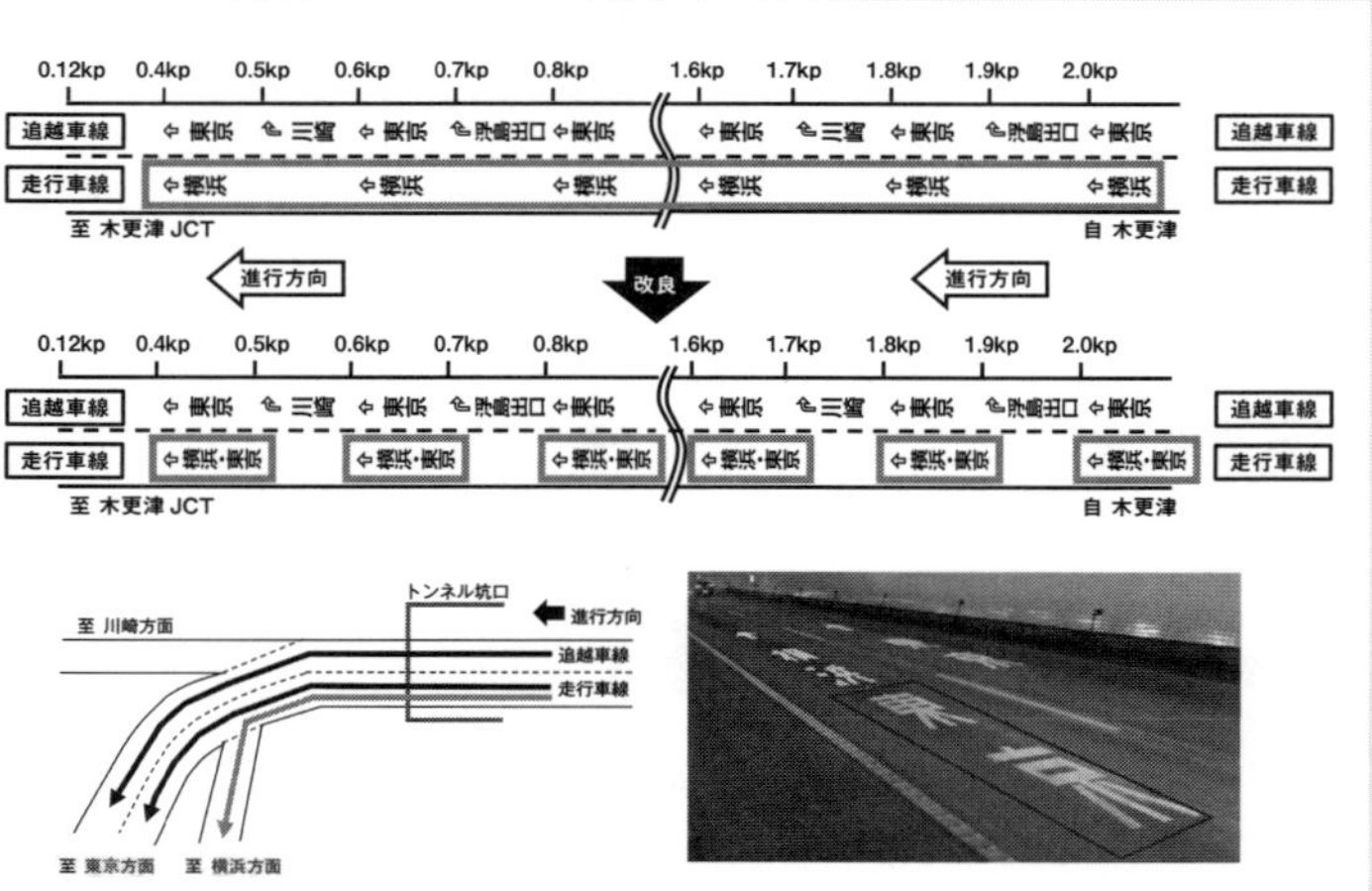

●料金変動制によって渋滞が減少

熊谷　一度決めたことというのは、いつの間にかそれが当たり前になってしまうので、問題があっても見落としがちですが、摩擦の原因をしっかり分析して解消したということですね。よくわかりました。

渋滞解消についてはは、もうひとつ大きな取り組みがありますよね。いわゆる「料金変動制」です。これについても説明していただけますか。

八木　はい。いわゆる「料金変動制」、正式には「ＥＴＣ時間帯別料金社会実験」ですね。簡単に言うと、東京湾アクアラインで土日祝日の特定の時間帯に激しい渋滞が発生しているので、その時間帯だけ料金を値上げし、その直後の時間帯は逆に値下げして、混む時間帯から空いている時間帯に交通量をシフトさせようという社会実験です。

社会実験ですので、まずは２０２３年7月22日から２０２４年3月末までの期間で実施し、どのような効果があったかを検証しています。なお、期間については、２０２４年1月に開催された国や千葉県などによる「東京湾アクアライン交通円滑化対策検討会」において、２０２５年3月末まで延長する方針が示され、２０２４年（令和6年）度の国家予算成立により延長が決定しました。

もう少し具体的に「料金変動制」を説明すると、これまですべての時間帯で一律800円（普通車の場合）だったところを、上り線の土日祝日、午後1時から午後8時までの料金を50％値上げの1200円に、また午後8時から午前0時までを25％値下げの600円にするというものです。

熊谷　私は以前から日本の高速道路に料金変動制を導入することを検討すべきという立場で、知事選の際もアクアラインに料金変動制を導入することを公約とし、国とともに協議してきました。社会実験の分析結果としては、全体の利用者は増えているにもかかわらず、値上げ時間帯における交通量は、導入前と比べて抑えられ、渋滞による損失時間が減少しました。

事故の減少や、高速バスが遅れなくなったといった効果もありました。また、観光客の滞在時間が20％ほど増加したので、観光産業への好影響が期待できます。ピーク時間の値上げにより、観光客が減少することも懸念されましたが、そういった悪影響は認められていません。

しかし、社会実験を継続していくなかで、料金変動制の課題も浮上してきました。交通

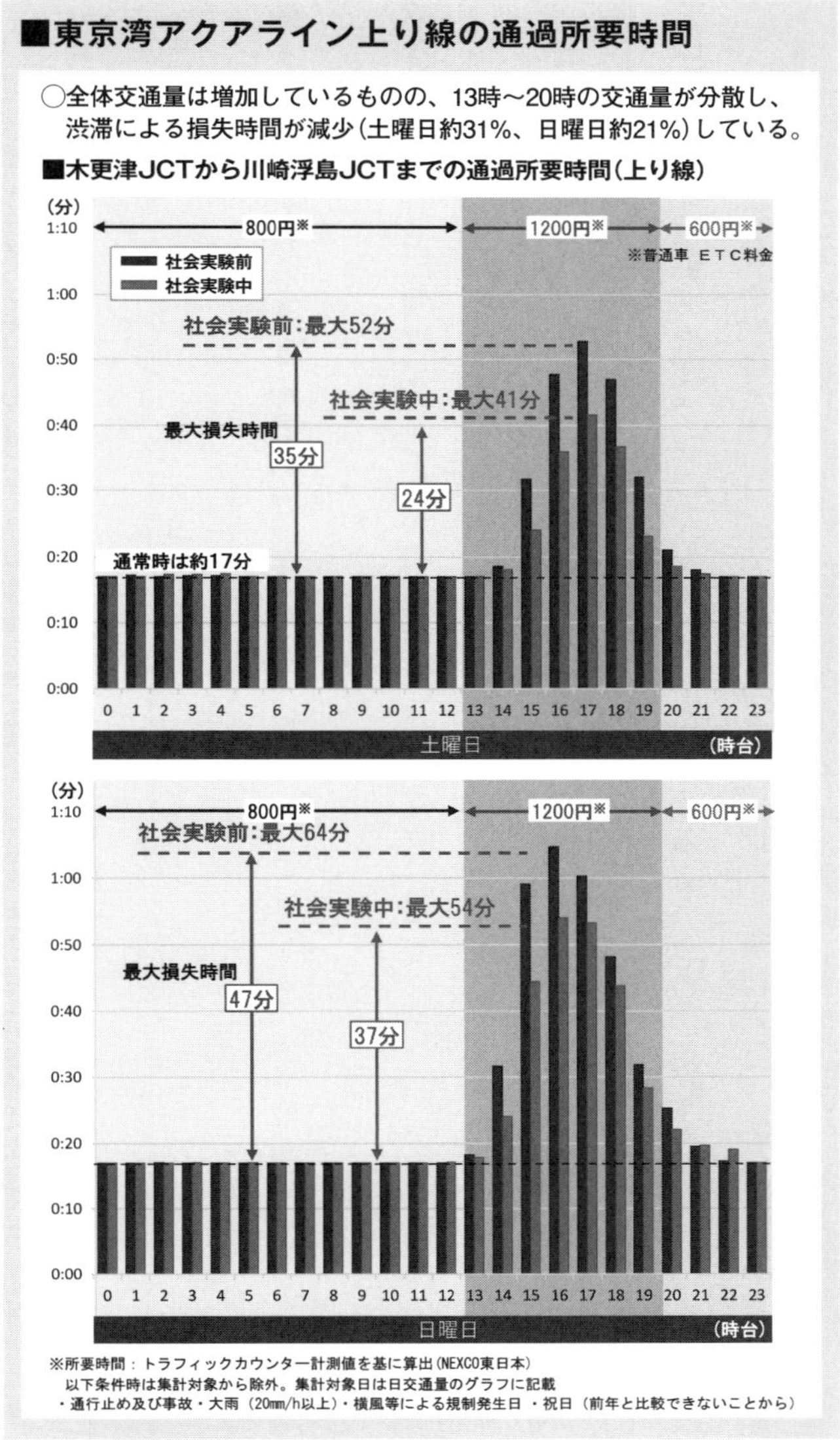

分散の効果が実験開始当初より鈍化していること、実験の対象ではない下り線でも、渋滞が発生していることなどです。我々は、料金体系や、対象となる時間帯などを見直すこと

で、渋滞緩和効果をより高められると考え、周辺自治体とともに新たな時間帯別料金の案を検討しているところです。より多くの人に長く千葉県に滞在してもらえるよう、関係者に丁寧に説明しながら、アクアラインの効果を最大限に発揮していきます。

●トンネルをもう1本掘るのが前提

熊谷　渋滞解消に向けて、こうした様々な取り組みを行っていますが、中長期的な視点では交通容量そのものを拡大させないと厳しいと感じます。現在東京湾アクアラインは上り下り合わせて4車線ですが、6車線にする計画があることはあまり知られていないので、ご紹介いただいてもよろしいでしょうか。

八木　実は東京湾アクアラインは将来は6車線にするというのが前提で、現状の4車線は「暫定」という位置づけです。ですので、たとえば浮島、海ほたる、両坑口とも現在供用中の2本のトンネルの横に将来の2車線が入る空間が準備されています。6車線化する場合はそこに3本目のトンネルを接続することが可能となっています。また、風の塔にも同様に将来線のための空間が準備されています。

橋についても、今は4車線で供用していますが、両側に張り出して6車線にしても今の技術基準での検討は必要ですが耐えられる構造となっています。

熊谷　トンネルを浮き上がらなくするための地盤改良も3本目を同時に施工したと聞いたことがありますが、現状はいかがでしょうか。

八木　当時の技術と現在の技術とでは全然違いますので、3本目を掘るのであれば設計や施工の方法が違ってくると思います。たとえばシールド工法も当時は2・5km程度が限度でしたが、現在では高度に機械化されたシールドマシンで10km程度なら一気に掘れると思います。地盤改良の範囲も改めて確認、検討が必要となりますね。

■東京湾アクアライン 将来構想 6車線

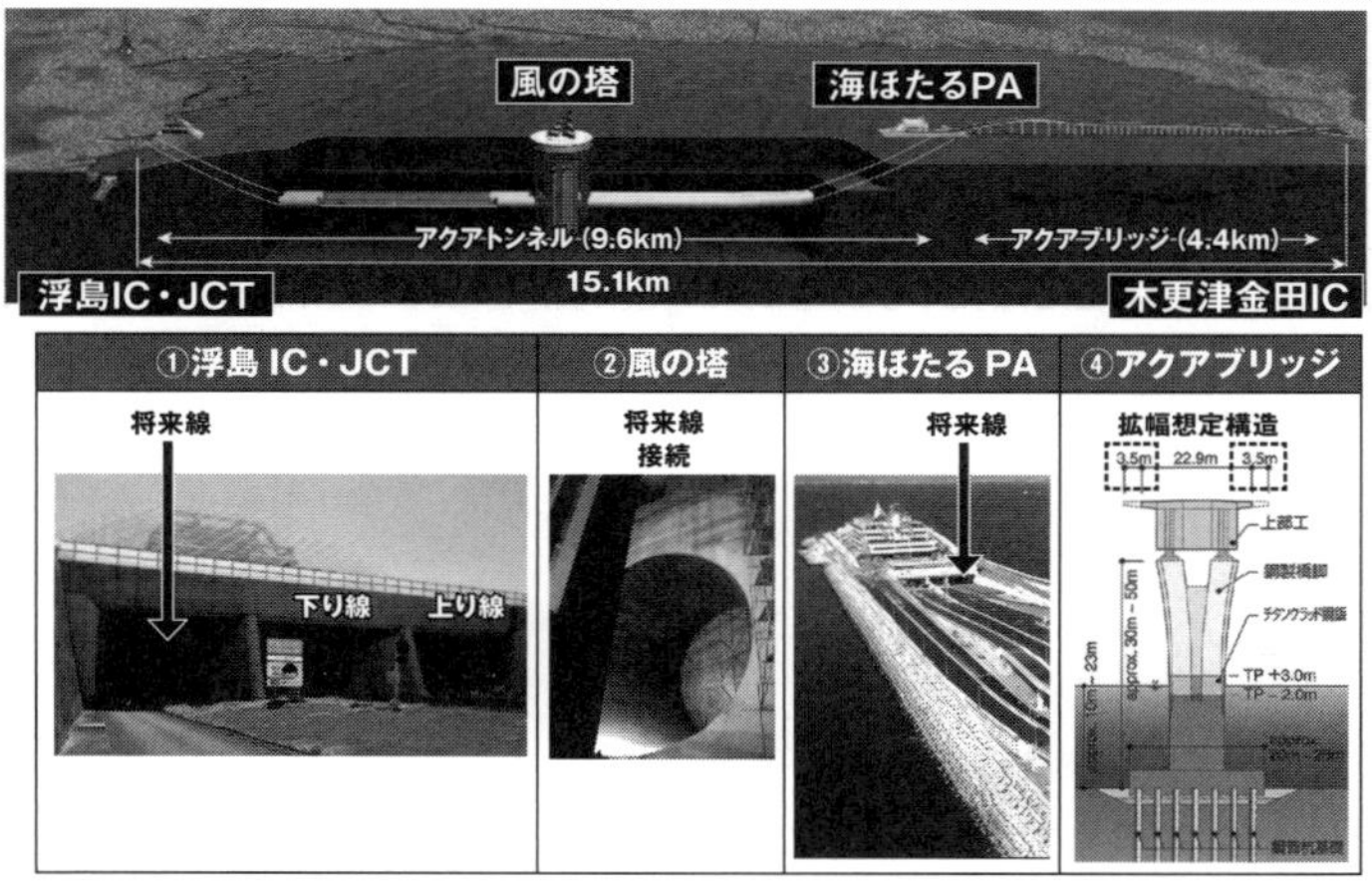

熊谷　私は2021年の県知事選の際に、県政ビジョンで拡張構想を紹介し、「将来の活用方法について研究を進める」と示しました。そして、知事就任後に正式に国に「東京湾アクアラインの6車線化など、交通容量の拡充方策について、中長期的な視点から検討すること」と要望しています。今後、国が検討することになりますが、検討にあたっては、すでに利用中のトンネルのすぐ横にトンネルを掘ることになりますので、専門家も交えながらシミュレーションをする必要があるでしょうね。

八木　おっしゃるとおりですね。やっぱり一番気をつけなければいけないのは、すでに走っている道路があるそのすぐ横で、こういった海底トンネルを掘るというリスクですね。

当時に比べ現在の技術は相当進歩していますが、数々のリスクに対して必要に応じて専門家等も交えながら、相当な検討と時間が必要と考えています。

熊谷　世界でも例がないでしょうね。ただ、東京湾アクアラインの交通量はどんどん伸びていますし、確実に現在の4車線ではまかないきれなくなるのが目に見えています。もう待ったなしですね。

県民、経済界、何よりドライバーの方々の理解と後押しが不可欠です。本書を通じて少しでも知っていただき、利用者にも機運が高まってくるのが大事だと思っています。

八木　はい、本当に大切なのはこれからです。この先、圏央道が成田からつながるとか、東関道が水戸までつながるとか、車の流れが大きく変わってくると、東京湾アクアラインも一層需要が増えると考えています。

●夕暮れや夜景も美しいアクアブリッジ

熊谷　２０１２年にスタートした「ちばアクアラインマラソン」もすっかり恒例行事として定着しました。アクアラインを止めてマラソンをやるというのは本当に特別なことだと思っており、ご協力に感謝しています。私もマラソンが趣味なんですが、東京湾アクアラインは本当に路面が綺麗だなと実感します。

2年に一度開催される「ちばアクアラインマラソン」

八木　ありがとうございます。高速道路は路面の小さな穴でも高速で走行する車にとっては大きな衝撃になるので、普段から点検や修繕をこまめに行っています。

熊谷　ランナーたちが橋の上を走る景色は実に壮観です。２０２４年の開催も決定していますが、来年以降も県と力を合わせて開催を検討していただけたらと思います。それとぜひ八木社長に聞きたいと思っていたのが、東京湾アクアラインのおすすめの絶景についてです。おすすめの景色、場所、時間帯があったらぜひ教えてください。

八木　この本は東京湾アクアラインの写真集です（２１３ページ参照）。東京湾アクアラインで働いている人々の日常が中心の写真集ではあるのですが、最後に載っている夕暮れの東京湾アクアブリッジは絶景ですね。

熊谷　（写真集をじっくり見ながら）いやあ、いいですね。まさに千葉が誇る絶景です。

八木　それから、東京湾に沈む夕陽も綺麗です。あるいは夜景ですね。こういった時間帯に海岸から東京湾アクアラインを見る方は少ないと思いますが、夕方や夜の景色も非常に良いので、できればご利用を夜にシフトしていただけるとありがたいです（笑）。

熊谷　夜景も楽しめて、利用時間も分散できて、みんなハッピーですよね（笑）。あと海ほたるＰＡは、デートスポットとして若い利用者も増えているんじゃないでしょうか。実際に足を運んでみると、お子さんも増えている印象があります。

八木　最近流行のクレーンゲームも人気ですね。来場されるお客さまの年代を調べた資料があるのですが、確かに20代前半がボリュームゾーンで、年齢が上がるにつれて割合が少なくなっています。40歳以上の方にも利用いただけるPAを目指していますが（笑）、全体的な売り上げは伸びてきています。

熊谷　このグラフすごい伸びですね。

八木　それは、免税店の売り上げのグラフです。新型コロナウイルスが収束してからは、大変な勢いで伸びています。

熊谷　外国人の方が千葉県にたくさん来ているということですね。

●家族で楽しめる「裏側探検」が人気

八木　あと、ご家族などの個人や団体のお客さま向けに「海底トンネルに潜入！東京湾アクアライン裏側探検」という企画をやっています。先ほどお話しした道路の下の避難通路など、安全の「裏側」を案内する催しを平日の火曜日から金曜日で午前・午後の1日2回実施していまして、すでに1万4000人ぐらいの方が参加されました。

熊谷　そんなに！　ヒット企画ですね。

八木　最初は年に1回だけイベントとして開催していたのですが、持続可能な企画にすべく、インフラツーリズムの波に乗ってツアーとして継続的に実施するようになりました。それでも毎回、大勢の方にご参加いただいて、東京湾アクアラインの「裏側」も見られると好評をいただいております。

熊谷　お子さんも親御さんも、東京湾アクアラインの裏側は絶対楽しいし勉強になると思います。さらにインフラの大切さや、それをメンテナンスする人々のこと、利用者負担や自治体の取り組みなど、たくさんのことを学べる場だと思います。

今回、東京湾アクアラインのことを詳しく聞いて改めて思ったのは、東京湾アクアラインが千葉を大きく変えたということです。東京湾アクアラインができたことで千葉の半島性が大きく改善されました。東京首都圏の大きな環状のネットワークの中に入ることができましたし、半島性の克服において、東京湾アクアラインの果たした役割は本当に大きいと思いました。

かつ、日本で一番長い橋であり、いわゆる交通インフラ以上の価値が付随しているので、知事として県として、その魅力はしっかり引き上げていきたいですね。また、「事故は起きないのが当たり前」と思いがちですが、スタッフさんたちが安全のために日夜適切な管理をされているということを、皆さんにも評価してほしいと思います。今日改めてお聞きして、安全に対する取り組みへの思いが伝わってきました。

あとはこの千葉県の半島性を克服する「生命線」である東京湾アクアラインが、これからも適切に、できれば渋滞せず、愛され、利用され続けて、かつ機能強化が果たされるように、皆さんから後押しをいただきたいと願います。

Shigeki Yagi

八木 茂樹（やぎ しげき）

東京湾横断道路株式会社 代表取締役社長

1960年生まれ。1986年に東京大学大学院修了。同年４月に日本道路公団に入社。高速道路の計画及び建設・維持管理、高速道路に関する新事業の開発など幅広い業務に従事。2022年より東日本高速道路㈱取締役常務執行役員管理事業本部長として高速道路資産の長期保全及び老朽化した橋梁・トンネルなどの特定更新事業の補修計画等の策定に尽力した。2024年から東京湾横断道路株式会社代表取締役に就任。東京湾アクアラインの維持管理業務に従事している。

※本対談は2024年８月に行われたものです

東京湾横断道路株式会社の公式ホームページです。

https://www.aqua-line.co.jp/

千葉県民、そして日本国民の命を災害から守る

熊谷俊人

第6章

小泉進次郎さん ×

（衆議院議員）

２０１９年（令和元年）９月、大型の台風15号が房総半島を襲いました。のちに「令和元年房総半島台風」と名付けられたこの台風により、千葉県各地で大きな被害が発生しました。この災害対応に当たっていた熊谷俊人・千葉市長（当時）の携帯が鳴り、着信元を見ると「小泉進次郎」。

この一本の電話から、のちに災害からの復旧・復興に欠かせない「公費解体制度」の大胆な活用がはじまりました。当時の環境大臣だった小泉進次郎さんが公費解体制度を再整備したこと、そしてそれが令和元年房総半島台風だけでなく、以後日本の災害復旧・復興活動を劇的に改善したことは、メディアでもほとんどクローズアップされることがありません。

環境大臣から千葉市長へ――一本の電話からはじまった制度改正と政治決断の裏側を、小泉進次郎さんに聞きました。

●房総半島台風を県と国からの視点で考える

熊谷　小泉さんは、環境大臣に就任後すぐに房総半島台風の被災地を視察されました。そのときの心境や、現地での印象を聞かせてください。

小泉進次郎氏（以下、小泉）　房総半島は、私が生まれ育った横須賀からいつも見えているんです。東京湾を挟んだ対岸という親近感がありました。あの台風は三浦半島を直撃する可能性も言われていて、ほんの少し進路が違って房総半島が被災しました。だから、とても他人事ではありませんでした。現地を視察して印象的だったのは、ブルーシートの多さです。これほどまで屋根に被害を負った家屋が多いのかと思いましたね。

熊谷　私もこれまで様々な災害対応を行ってきましたが、あの災害ほど屋根に被害が出て、被災者にブルーシートを配布したことはありません。千葉市の備蓄は即日なくなり、他自治体に支援を要請したことを昨日のことのように覚えています。小泉さんは復旧復興に向けてどのように対処すべきとお考えになったのですか。

小泉　災害時における環境大臣の所管は、まず災害廃棄物の問題です。災害廃棄物の処理をスムーズに進められるかどうかは、復旧復興の成否を分ける問題だという認識でしたが、とにかく、やれることは何でもやろうという思いでしたね。

熊谷　視察直後に、私の携帯に直接「何かできることはありませんか」と連絡をいただいたことは今でも鮮明に覚えていますし、大変心強く感じました。それ以前より小泉さんとは勉強会でご一緒しており、比較的年齢も近いということで、たびたび意見交換する機会がありました。今思うと、そうしたつながりがあったのはありがたいことでした。被災者の支援に向け、その後も継続して情報交換するなかで、小泉さんから災害廃棄物処理として公費解体制度を提示していただきました。市の担当者に改めて公費解体制度について確認してみたのですが、どうも反応が悪かったんです。当時、公費解体制度はそんなに使い勝手の良い制度とはいえず、現場ではそれほど重視されていませんでした。現場の感覚をそのまま小泉さんにお伝えしたら、「もしそうだとしたら、使い勝手が良くなるようにします」とおっしゃっていただきました。

小泉　使い勝手の悪さは、公費解体の対象になるのが全壊の判定を受けた家屋のみというところにありました。たとえば、水害で1階は大きな被害を受けたが2階にはなんとか住めるという住宅は半壊と判定されます。大規模な補修をすれば住めるのなら半壊という判定なんですね。でも、住宅全体として強度が下がっているので、次に何かあれば耐えられない。住むには大きなリスクがある。だから、現実的な選択として解体する場合もあるのですが、公費解体は使えないというのが実情でした。事実上住めないのに、半壊だから公費解体の対象外などという対応はあり得ないと思いましたね。

熊谷　あの令和元年房総半島台風では数多くの住宅の屋根が吹き飛び、そこから雨水が入ることで建物全体が腐り、事実上住めない状況が発生しましたが、多くの家屋が半壊扱いでした。従来では公費解体制度の対象外です。それが、最終的には半壊も公費解体の対象となるよう取り扱いが変更となりました。被災地にとって本当に劇的な変化だったのですが、当時、環境省内でどんなプロセスが

あったのですか。

小泉　これはまさに知事とか大臣だからこそできることなのですが、最初に実態に合わないから「全壊のみでなく、半壊も対象になるようにできないか」と言いました。私が現場を視察して被害状況がわかっていたのと、熊谷さんとも情報交換して何が必要かを理解していたから、「半壊も公費で解体できるように」と言い切ることができました。いろんな根回しや調整をして、積み上げてひとつの政策を実行していくというやり方もありますが、一方、現場の大変さを理解して、知事や大臣が最初に言ってしまうやり方もあります。この場合は、言ってしまったのが良かった。

熊谷　おっしゃるとおりです。災害時はまさ

にそうですよね。だからこそ、被災自治体、特に首長は被災者に寄り添い、制度面でどのような課題があるのか、国にしっかりと訴えていかなければなりません。現場を見た大臣や政治家に「なんとかしよう」と言っていただけると、あとで制度として整備されていくんです。そういう事例はいっぱい見てきました。

実は屋根が吹き飛んで事実上住めなくなった千葉の被災住宅の多くは、従来では半壊にすら認定されず、一部損壊扱いでした。そんな馬鹿なことがあるのかと読者は思われるかもしれません。被災家屋の判定は屋根・壁・基礎など、それぞれ被害の点数を合計して認定するため、屋根が吹き飛んでいても、それ以外の部分に大きな被害がなければ一部損壊として認定されてしまうのです。さすがに「それはおかしい。制度の欠陥だ」と、私も含め、被災自治体が国に訴え、実態に応じて柔軟な認定がされるようになりました。

さて、小泉環境大臣の「宣言」に対して環境省の事務方はどのようなリアクションでしたか。

小泉　環境省の職員は極めて真面目です。真面目すぎるなと感じる時があるくらい真面目なので、「ちょっとこういうふうに思うんだけど」と言うと、正面から受け止めてくれます。この件も現場の声をしっかり聞いて、それを受けてこのままではいけないという使命感を持って本当に真剣に向き合ってくれました。実はひとつポイントがあって、環境省に財務省から出向しているメンバーがいたんです。

熊谷　それは大きかったですね。

小泉　知事はおわかりでしょうが、人事のタイミングはものすごく大事です。ちょっと専門的なポイントなので、一般の方にとってはわかりにくいかもしれませんね。財務省から出向してきていた優秀なメンバーがこの件も担当していて、「親元」財務省との折衝はもちろん、被災地のためにいろいろな知恵を使って頑張ってくれたのが、環境省の努力に加えてありましたね。

熊谷　そうだったんですか。たぶん官僚にとってみれば、小泉さんなら被災地のための制度設計を、勇気を持って決断できると思ったのでしょうね。財務省との折衝も含めて、高い次元でやれる、そういう信頼があったのだと僕は思います。

それで、2019年（令和元年）11月7日には「令和元年台風第15号及び令和元年台風第19号に係る災害等廃棄物処理事業の取扱いについて」で、全壊に加えて半壊の家屋も公費解体の対象になる旨の通知が出されました。さらに、翌2020年（令和2年）7月には、「災害等廃棄物処理事業の取扱いについて」によって、この新ルールが全国で恒常化されました。さて、それによって世の中がどう変わったか。この資料を見ると驚くと思います。

公費解体制度の活用状況について

1．東日本大震災（２０１１年（平成２３年））

（1）全国の状況（棟）　　　※環境省聞き取り

住家被害種別	住家被害件数	うち公費解体	公費解体の割合
全　　壊	１２２，０５０	不明	不明
半　　壊	２８３，９８８	不明	不明
合　　計	４０６，０３８	不明	不明

（2）千葉県の状況（棟）

住家被害種別	住家被害件数（補助対象）	うち公費解体	公費解体の割合
全　　壊	８０７	不明	不明
半　　壊	１０，３１３	不明	不明
合　　計	１１，１２０	７８	０．７%

※我孫子市のみ

2．令和元年房総半島台風（１５号）、１９号、１０月２５日大雨

（1）千葉県の状況（棟）

住家被害種別	住家被害件数（補助対象）	うち公費解体	公費解体の割合
全　　壊	５１４	不明	不明
半　　壊	５，０７３	不明	不明
合　　計	５，５８７	１，３４０	２４．０%

※２７市５町が実施

・公費解体件数は、環境省補助金を活用した家屋解体棟数
・解体された家屋の状況（全壊、半壊の別）は不明
・１０月２５日大雨は、全壊のみが補助対象

○小泉環境大臣（当時）により改善された公費解体の関係経過説明

※令和元年（2019年）第４次安倍第２次改造内閣、令和２年（2020年）９月菅内閣

●令和元年（2019年）9月5日台風15号発生

千葉県を中心に甚大な被害を出したため、のちに、令和元年房総半島台風と命名。

●令和元年（2019年）11月7日

全壊及び半壊の家屋の解体が公費解体の対象になる旨通知。

「令和元年台風第１５号及び令和元年台風第１９号に係る災害等廃棄物処理事業の取扱いについて」（環境省廃棄物適正処理推進課長発）

●令和元年（2019年）11月8日

小泉環境大臣（当時）の囲みの会見で半壊の家屋を公費解体の対象にする旨の発表あり。

●令和2年（2020年）7月17日

小泉環境大臣（当時）の記者会見における質疑の中で、半壊の家屋への公費解体の適用について問われ、「どういう支援ができるか、今調整を進めている。半壊で事実上住めない場合、半壊だから（補助対象外）そんな対応は許されないと私は思っている。現場を見ればよくわかる。」との発言あり。

●令和2年（2020年）7月31日

これまで全壊に限られていた公費解体の対象が特定非常災害に指定され、かつ大量の災害廃棄物の発生が見込まれる災害に限り、半壊も対象とされるよう取扱いが変更され、半壊でも適用されるルールが恒常化された。

「災害等廃棄物処理事業の取扱いについて」（環境省廃棄物適正処理推進課長発）

※これまでは、公費での解体は運用上、概ね全壊のみが対象で、大規模な災害被害が生じた場合、個別に判断され、通知されていた。しかし、令和２年（2020年）７月にルールとして整備された。

熊谷　２０１１年の東日本大震災では、千葉県内で全半壊合わせて1万１１２０棟の住家被害がありましたが、公費解体の利用は78棟、率にしてわずか０・７％しか使われていませんでした。一方、新ルールが導入された令和元年の台風15号、19号、そして10月25日の大雨では、全半壊合わせて５５８７棟の被害のうち、24％にあたる１３４０棟が公費解体を活用しました。

小泉　これは……すごい！　このデータは本当に一目瞭然ですね。

熊谷　はい。半壊が補助の対象になり、かつ制度の運用が被災地に寄り添う形となったことで、それまでは復旧・復興を進めるうえで主役級の制度ではなかった公費解体の利用率

が劇的に変わっているんです。僕らもそれは肌で実感しています。まさに小泉さんが変えたんですよ。改めて小泉さんのリーダーシップに感謝します。

小泉　僕としても嬉しいのはもちろんですが、担当の部局がすごく喜ぶと思います。環境省の災害対応は廃棄物の担当なので、人命救助が終わったあとが環境省の出番なんですね。あまり日の当たる仕事ではありません。知事からこうやってデータを示していただいて、こんなにも役に立てたんだとわかったら、職員のモチベーションアップにもなるので、本当に嬉しいです。これは。

熊谷　この制度改正によって公費解体制度の使い勝手がよくなり、被災地は大いに復旧が進めやすくなりました。阪神・淡路大震災で被災者生活再建支援法ができたのと同じぐらいのインパクトが間違いなくあったと思うんです。能登半島の震災でもこれから大いに活用されていきますし、劇的に日本の災害対応が進化して、被災地に被災者に寄り添うことができた。それまで国はこんなに解体なんてしてくれなかったんです。

ほとんどのケースで被災者が全部自費で解体するしかなかった。僕はこれをもっと日本のみんなに知ってほしいんです。マスメディアも伝えてないですよね。もっと脚光を浴びてほしい。

この公費解体もそうですが、日本は災害のたびに「うまくいっていない」部分が報道され、災害を教訓に改善された部分はあまり報道されません。阪神淡路大震災の被災者として、そして行政の長として様々な災害指揮をしてきた側として、私たちの社会が確実に改善を重ねていることはぜひ知っておいてほしいと考えています。

小泉さんは東北も含め、被災地に特段の思いを寄せているように感じますが、小泉さんの哲学や思いを教えていただけますか。

●海から見た千葉と神奈川のすごい恩恵

小泉　有事の時こそ政治の力が必要だという政治に対する基本的な認識、考え方がありますね。2009年に初当選をして私は野党の議員でしたが、2011年に東日本大震災が発生して、あれだけの複合災害で、もう居ても立ってもいられなくなった。もう考える前に、野党なので与党議員と違ってできることに限りはあるけれど少しでも現場の声を届けたいという思いがありました。今でも東北、特に福島とのつながりは継続しています。震災や水害といった災害が起きるたびに、常に今こそ政治がやらなければいけない、政治にしかできないことがあるんだという思いがこみ上げてきて熱くなります。前例にないことでもやる。責任は政治が取る。それが有事における基本姿勢であるべきだと思っています。

熊谷　小泉さんは福島の海の安全をアピールするために福島でサーフィンもされていらっしゃいます。サーフィンといえば千葉県も有名なのですが(笑)、お気に入りのサーフィンスポットはありますか。

小泉　いや実は千葉のお気に入りは見つけている最中っていうのが正確かもしれないんですけど(笑)、唯一千葉でサーフィンをしたことがあるのは一宮町です。海が素晴らしいです。オリンピック会場ですからね。

熊谷　ありがとうございます。オリンピック史上、最初にサーフィンの競技会場となった場所です。

小泉　一宮町に知り合いがいるのですが、海が見えるところに住んでいるサーファーの方々は、朝歩いて一宮の海まで行って、サーフィンをしてから出勤をしているっていう話を聞いたときに、もうね、これ以上の幸せはないだろうと心から羨ましいと思いました。知り合いの子どもたちが真っ黒になって、親子でサーフィンをしているわけですよ。その姿を見ると、次の僕の夢は子どもたちとサーフィン、これやりたいですね。

熊谷　一宮町以外にも千葉にはいっぱいサーフィンスポットがありますから、ぜひ探してみてください。他に千葉の思い出はありますか。

小泉　幼い頃からの思い出で言うと、小学生の頃から剣道をやっていて、合宿地が千葉でした。それと、高校時代の野球部の合宿地も千葉だったので、その思い出は色濃く残っていますね。先ほども言いましたが、横須賀からは東京湾を挟んで房総半島が見えますし、お隣さんみたいな親近感があります。横須賀市の久里浜港と富津《ふっつ》市の金谷港を約40分で結ぶ東京湾フェリーもありますから。

去年（2023年）、ある用事で内房に行く必要があった時、僕は東京から富津市の会場に向かい、そこからフェリーに乗って横須賀に帰るっていうルートで帰ったんです。これが思いつくのも、日ごろから横須賀と千葉がまるで海の上のリアルな道路でつながっているように感じているからです。

今回熊谷知事と対談するということで、千葉とのつながりを振り返ってみたのですが、こんなにあったんだなあと思いました。

熊谷　神奈川県も千葉県も海の恩恵をたくさん受けており、私たちの命の源《みなもと》と言っても過言でありません。その海を守るために、また子どもたちの未来を守るために、私たちは何

をすべきでしょうか。今日からできることはありますか。

小泉　私の選挙区の三浦市が「海業」という港町の活性化の概念を長年訴えてきて、今では国の政策に進化しました。港町の地方創生と言ってもいいと思います。これは前向きな動きですが、一方で残念なことは、子どもが海と触れ合う機会が減ってきていること。海が身近ではなくなってきているのです。地道なことですが、若い世代が海遊びをする機会を増やすことも大事だと思っています。

熊谷　大事な視点ですね。私たち千葉県でも海業の推進に向けて、各地で関係者との対話がはじまっています。

最後にプライベートについて。第二子も生

まれ、父親として、妻を支える夫として、様々な変化や気づきがあるかと思います。私も二人の子を持つ父親ですが、子育てを通して、色々なことに気づかされますし、共働きでの子育ての難しさも実感します。どんなことを思いながら子育てをしていますか。

小泉　これは熊谷知事が先輩なので、働く政治家として子育てとの両立などたくさんの知恵と私以上にいろいろ感じたことがあると思います。私も知事と同じように政治と育児の両立に必死です。両立をする中で、こんなにも見えてなかったことがあったのかという気づきだらけです。ひとつは、親への感謝がものすごくありました。自分が親として子どもの寝かしつけをしたり、寝る時に絵本を読んだり、ミルクをあげたり、抱っこして泣き止ませたり、遊びに行ったり……こういう子どもとの時間を過ごすほど、自分の親もこういうことを自分にやってくれたんだ、ありがとうという親への感謝がすごく大きくなりましたね。それとあわせて、幼稚園・保育園、病院の先生、学校の先生、この子育てに関わっている職業の皆さんに、とてつもない尊敬と感謝が湧きますね。

熊谷　よくわかります。私も保育所に子どもを迎えに行った時に、保育士さんからその日の保育内容や子どものちょっとした成長エピソードを教えてもらい、「プロはこういう視点で見ているのか」と常に勉強させられました。子どもに関わるすべての職業の方に感謝するばかりですね。特に私たち政治家は週休2日が担保されていませんし、夜も土日も予定が入ることが多々あります。その中でどのように時間を作っているか、小泉さんにとって家庭での役割などについて教えてください。

小泉　役割としては、4歳の息子の担当は私。9カ月の娘は妻、みたいになっていますね。朝は私が息子の園への送りを担当。妻が迎えを担当。政治家は毎晩会食も多いですが、私は夜の会食を減らし、17時から19時という会食もはじめました。土日も休みなしという生活が今までは当たり前でしたが、妻からはどちらかは休みにしてくれと言われます。当然ですよね。そうしないと妻のワンオペですから。毎週そうはできないですが、努力をしています。私は最初息子が生まれた時は、ひとりの子どもと向き合っているのでもヒーヒー言っていましたから、ふたり子どもを育てている人ってすごいなって思っていました。去年ふたり目が生まれて、今9カ月の娘と4歳の息子を見ていて、3人以上育てている人ってすごいな、どうやっているんだろうと思います。それと、うちの妻は仕事をしていますが、毎日フルタイムの仕事ではなく、週1回のラジオとか、財団の仕事とか、スポット的な仕事とかっていうことなので、完全フルタイムの共働きの人たちで、子育てしているというのはとてつもないことだと思います。支援策・政策を作る政治家として、これはどれだけ支援されても、もう十分ということにはならないだろうというのを実感しました。だから、本当に感謝してもらえるのはなんだろうかと常に考えています。しかも子育ての環境は多様なので、ある方にとってはすごく感謝されても、別の方にとってはそうじゃないこともたくさんありますから。難しさはありますが、これだけ政治が子育ての政策支援に対して、最重要課題として真剣に乗り出すことになったということはきちんと伝えたいと強く思っています。

熊谷　政治家にとって、子育てとの両立は本当に学ぶことが多いと思います。すごい営みだなと。

小泉　知事の場合は、今よりも制度的な支援

が揃っていないときに子育てをされていたから、私以上に大変だったでしょうね。

熊谷　実際、市長の時代は面白いことになっていました。組織の長として保育行政の改善に取り組み、部下である保育所長から現場の声を聞くといったことをしている一方で、保育所に預けている身としては「所長さん、いつもありがとうございます」でもあり（笑）……その立場が珍しくて面白かったです。本当に勉強になりました。それで改善した制度も多々あるので本当に良かったと思います。

小泉　私が環境大臣のときに第一子が生まれたので、そういう意味ではちょっと似ています。大臣として初めての男性の育休を取ったときのきっかけは、やっぱり環境省の職員の若手の声だったんですよね。管理職ではなくて、むしろ若手が「大臣が育休取ってくれたら、自分たちが取りやすくなるから取ってください」って。この声に押されたというのもありましたね。

熊谷　小泉さんの育休取得は多くの人たちの背中を押したと思います。今回改めてプライベートも含めて小泉さんと交流させていただいているのは、僕にとって本当に貴重なことだと思いました。実際にそうした交流の中で、被災地の人たちに役立つ制度の変更も生まれたわけですし、こうやって交流させていただいているのが、大変嬉しいなと。

小泉　こちらこそ（笑）。

熊谷　以前から小泉さんとは若手の国会議員・首長を交えて交流させてもらっていますが、この世代が日本の将来に果たす役割、国政と地方自治の関係などについてどのように考えていらっしゃるか、教えていただけますか。

小泉　国政、県政、市町村、このそれぞれの強みと、それぞれの役割があるんですよね。いくら国政の場で考えても、現場が動かなければ物事は動かない。その現場が動くためには、どこにポイントがあるのかということを、そこに住む皆さんと誰よりも直接向き合っている行政の立場の方から、聞くこと、そして意見をしてもらうこと、この学びはものすごく大きいです。お互いがそれぞれのできることとできないことを理解したうえで、改革の風穴を開けるポイントが見えてくると思います。たとえば、ライドシェアもそうです。この政策を進めるうえでも、やはり現場でどういった地域交通の状況になっているのかを知る必要があります。いくら国がライドシェアをやるぞと言ったところで、うちやりますと言ってくれる首長さんや、地域というのがなければ、これはひとり相撲になってしまう。そうならないようにするには、やはり国政だけで考えるのではなく、地域と交流し連携することがすごく大事なことだと思っています。これからもよろしくお願いします。

熊谷　本当にありがとうございます。やっぱり小泉さんとお話をさせていただくと、僕らは本当に国政に希望を感じますし、国政の方々が地方行政をそう思ってくださっているのなら、僕らも本当にやりがいがあります。いつもそういう場をいただき感謝しています。

小泉　とんでもない。これからも家族で千葉に遊びに行きますし、知事も気が向いたら横須賀に来てください。

熊谷　フェリーでつながる兄弟分みたいな気持ちがありますので、必ずお邪魔します。今日はありがとうございました。

Shinjiro Koizumi

小泉 進次郎（こいずみ しんじろう）

衆議院議員

1981年神奈川県横須賀市生まれ。関東学院大学経済学部卒業後、2006年米国コロンビア大学院政治学部修士号取得。米国戦略国際問題研究所（CSIS）研究員を経て、衆議院議員小泉純一郎氏秘書を務めたあと、2009年8月衆議院議員初当選し現在5期目。自由民主党 青年局長（2011年10月）、内閣府大臣政務官 兼 復興大臣政務官（2013年9月）、自由民主党農林部会長（2015年10月）、環境大臣 兼 内閣府特命担当大臣（2019年9月）、自由民主党 神奈川県連会長（2022年4月～＊現職）、衆議院安全保障委員会 委員長（2024年1月～＊現職）などを歴任。

※本対談は2024年7月に行われたものです

小泉進次郎議員の公式サイトです。

日々の取り組みや思いなどをお知らせしています。

https://www.instagram.com/shinjiro.koizumi

おわりに　～集合知で「千葉と守る」

本書を最後までお読みいただき、ありがとうございました。

今回、６人の方から貴重なお話を伺いましたが、皆様にとっても新たな発見があったのではないでしょうか。

千葉県とのさらなる連携の可能性も感じられたかと思います。


私は「集合知」を大事にしています。一人のリーダーにできることは限られているからです。リーダーに求められることは自分自身の能力や考えを過信せず、あらゆる個人・団体と交わり、その知恵を集め、同じ目標に向かってエネルギーを集約して、うねりを作る役割だと考えています。

インターネットがなぜここまで私たちの生活を変えたのでしょうか。それは人々の中で眠っていた知恵や、見えなかった様々なモノが見える様になり、それらをつなげ、有効に活用することができる様になったからです。すなわち、私たちの社会の「集合知」を高めるツールだったからでしょう。紀元前のアレクサンドリア図書館の出現以来、私たちの社会は「集合知」のレベルを上げ、発展してきました。

今はSNSの時代です。SNSには負の側面もありますが、それ以上に「集合知」をさらに高める可能性があります。リアルでの動きと、インターネット・SNSでの動き、すべてをフル活用して、千葉の、社会の集合知を高めていきたいと考えています。

市長↓知事はステップアップではない

2009年から千葉市長を3期務め、2021年からは千葉県知事になりました。よく「市長と知事の違いは何ですか?」と聞かれます。皆さんから見れば、市も県も同じ「地方自治体」という括りになり、「地方(都道府県&市町村)」と「国」という関係性を前提に考えておられると思います。私も知事になる前はある程度そうした考えを持っていました。

しかし、知事に就任して感じたのは、むしろ「市町村」と「国・都道府県」という括りの方がしっくりくるかもしれないということです。住民に直接向き合い、現場で行政としての最後の責任を果たす基礎自治体たる市町村と、方針を決定して、その基礎自治体に予算やリソースを配分する広域行政体たる都道府県と国には大きな違いがあります。

市長時代も「基礎自治体こそが重要なのだ」という気持ちで職務に当たっていましたが、県政を担当して、ますますその思いは強くなっています。基礎自治体が機能しなければ、国や都道府県がいくら良い方針を定めても、現場は回りません。

世の中では「市長より知事の方が偉く、知事よりも大臣や首相の方が偉い」と思われがちですが、私自身は国・都道府県・市町村に上下関係はなく、首相・大臣、知事、市町村長も同格だと考えています。

私は市議→市長→知事と歩んでいるので、順調にステップアップしていると見られがちです。しかし、私自身はそうした意識はなく、それぞれの行政の危機的な状況を解決するために、手段としてそれぞれの職責を負う決断をしたにすぎません。

説明が難しいのですが、その時々で自分がより貢献できる仕事を選択する……あくまで、それが重要なのであって、私の場合、「立場を上げていく」ことは大事ではないのです。

自分が様々な経験を積み、多くのことを知るにつれて、より貢献できることが変わっていきます。たしかに、市と県を比べると、県政のほうがより広域の問題に対処したり、より予算規模の大きな事業に取り組んだりすることが多いのは事実です。でも、広く大きくという方向性を目指しているわけではありません。

仕事として圧倒的に「手触り感」があるのは市長です。自分で最後まで関われるし、工夫できる余地もあり、達成感とかいろんなものをビリビリと現場で感じられるのは、それはもう市町村長のほうです。直接的なやりがいは市町村が圧倒的です。

その経験をベースに、市町村だけではできないことや、市町村として県にサポートしてほしいことをわかったうえで県知事として県行政に当たっています。自分の経験を生かして、貢献できているという実感があり、市長時代にも負けないやりがいを感じています。

貢献できる総量を掛け算で求める

いろいろな方とお話をする中で、「市長、県知事ときましたから、次は国政ですね。期待しています」と言われることがよくあります。期待していただけるのは本当にありがたいことですので、決して「いいえ、絶対にありません」などと否定することはしません。ただ、現時点では千葉県知事として取り組みたいことや解決すべき難題がたくさんありますので、優先順位をつけて着実に進めていくことのほうが重要であり、「ステップアップ」は念頭にありません。

自分がなすべき仕事を考える時、私は「掛け算」で求めた「貢献できる総量」で比べます。

これはどういうことか。たとえば、千葉市の人口は約98万人、千葉県の人口は約630万人です。千葉県の方が人口も予算は大きいわけですが、知事として、県政として貢献し、影響力を行使できる範囲でいえば、市町村を経由する以上、限られた範囲となります。一方で、千葉市長、千葉市政は千葉市に関してはかなりの領域で貢献することができます。つまり、貢献できる「総量」で見ると、それほど大きな差はないと言えます。

では、日本国民は約1億2500万人ですが、総理大臣であったとしたら、大臣だったら、いち国会議員だったら、本当の意味でどれだけ良い影響力を及ぼせるでしょうか。その範囲、貢献できる割合はどの程度になるでしょうか。

私は正直なところ、市長のほうが、いち国会議員より貢献度が大きいというケースが多分にあると思っています。

もちろん、国政が持つ重要性、事業規模や予算が大きく違うのは間違いありません。しかし、「仕事の次元」に高い低いがあるとは私は思いません。

私は「今の自分が一番貢献できる役割は何か」を基準に考えていますので、次は町長をやるのが日本全体にとって一番貢献できるという瞬間があったら、迷わず町長をやります。

市長から知事になったことが「ステップアップ」とは違うのだという真意はここにあります。

私はとにかく有名になりたいわけでも、権力が欲しいわけでもありません。ましてや偉くなりたいなんてまったく思っていません。ずっと「熊谷さん」と呼ばれるのが一番いいのです。街で見かけたら、本当に「熊谷さん」って呼んでほしい。

でも、ちょっと嬉しいのは、千葉市民の方から今でもたまに「市長」って声を掛けられることです。私を見た瞬間に「市長」って思い浮かべてくれるということは、たぶん愛着を持っていただけたんだな！　きっといい仕事をしてきたからだ！　と、ちょっと勝手に思っています（笑）。

自分がやったほうがいいと思う仕事がある限り

先ほど、千葉県知事としてやりたいことがたくさんあると述べました。

危機管理・防災、経済、福祉、子育て、教育、農業・漁業……今まさに取り組むべき課題がいくつもあり、状況的に自分が担当した方がいいというステージを脱し、ここから先は他の人に任せても大丈夫だと思えるまでは、知事を務めさせていただきたいと思っています。

千葉市長のときも同じでした。今、後任の千葉市長は、私を副市長として支えてくれ、私より多くの面で優れている神谷俊一さんが務めてくれています。私が市長として着手したことが収穫の時期を迎え、今「刈り取り」をしてもらっていることがいくつもあります。

種をまき、芽が出て、ある程度大きく育って、もうここまで来れば、この先は実るばかり。そうなったら、もう優秀な後継者に続きを任せられる。もう収穫物は変わらないだろうなと思うのであれば、私なんていなくてもいいんです。

ひとつの例として、本庁舎の建て替えは私の時期に進めてきた事業です。世の中にはきっとその竣工式には市長として出席したい、市長室で執務を取りたいと思われる方が少なくないのではないでしょうか。でもそれは私からすると、もう別に出来上がるだけの話なのだから、自分である必要性はありません。

市民の方たちが「これは神谷さんがやったんだよね」と思っていただいてもいいんです。大きな課題解決やプロジェクトほど10年、20年の歳月がかかります。私の時代に着手したものを刈り取る神谷さんも、きっと将来、別の市長が刈り取るであろう大きなプロジェクトの種を今まさにまいていることでしょう。正直、誰にも理解してもらえなくていい。首長というのは孤独であるべきで、強い孤独に耐えられないとダメだと思っています。

ユーザーではなくオーナー

新型コロナウイルス感染症の拡大時に定額給付金を含め、様々な給付事業が生まれたこともあり、国民が政治に求めるものに「何を私たちにくれるのか?」と、直接的な給付や無償化など、わかりやすい恩恵を求める傾向が一層強まっていると感じます。政治家も当選するために、費用対効果が不明確な給付・無償化事業を公約する人が増えてきました。

私は市長選に初挑戦した時から一貫して予算を大幅に投入するような公約をできる限り掲げないようにしています。私は常に有権者の方々に対して、「自分を消費者、ユーザーだと思わないように」と呼びかけ続けています。ユーザーとか消費者という立場であれば、税金は安ければ安いほうがいい、サービスは無償がいいとか、思うのは当然かもしれません。でも、住民と行政の関係はそうではありません。私はずっと繰り返し言っているのですが、ユーザーではなく株主なんです。オーナーというステークホルダーなんです。

たとえば、牛丼チェーンのユーザーだったら、498円の牛丼を、値下げして100円にしますとか、来店した人全員に1万ポイントプレゼントしますと言われれば、それは大喜びでしょう。

でも、株主だったらどうですか？　それで採算が取れるのか、会社の経営が成り立つのか、会社は発展するのか、企業価値は向上するのか、と聞くでしょう。自分の持っている株の価値が重要ですからね。

税金は年貢ではなく共益費とも言えます。私たちの社会をより良い形にするために、どのような使い方が最も賢く、次の世代のためになるか、常に効果測定をしながら慎重に使い道を考えなければいけません。

ひとつ確かなことは、税金を使って誰かに喜んでもらおうとするのは政治ではありません。社会を持続可能にするために、どうするのが一番賢いのかをみんなで考えて、決めているだけの話なんです。

オープンなコミュニケーションで信頼を築く

本書に登場した千葉県が誇る企業の代表者たちの言葉から、もうひとつキーワードを拾うとするなら、「信頼」でしょう。コツコツと努力を積み重ねて築き上げた信頼が、あっという間に崩れてしまうのは政治も同じです。

政治において信頼を得る最大の手段は、オープンなコミュニケーションです。

なぜこうなっているのかというプロセスをできる限り透明化する。全部を透明にするのは難しいのですが、意思決定プロセスをできる限り透明化することが重要だと考えます。その姿勢そのもので信頼を得るしかない。それこそが企業で言えばブランドなのでしょう。

県政も信頼を積み重ねるために、オープンなコミュニケーションを取りながら政策を進めていくことは必要不可欠です。情報を独り占めしない、都合のいいことだけ言わない。そんな姿勢で信頼を得る。それに尽きると思います。

私は誰が相手であっても接し方は変わりません。変えるつもりもありません。立場だけでなく、年齢も経験も考え方も違う、個人と個人、お互いを尊重しながら対話することで生まれるものがある。お互いのやれることを協力しあっていい仕事をする。

だからこそ私からすると、人の好き嫌いなんて関係ない。仕事をするうえで、別にそんなの関係ないじゃないかと。みんなこの千葉県を良くしたい、もしくは日本を良くしたい、人々のために貢献したいと思っている。目的は同じなのだから、協力しあいましょうと言いたいのです。

それは相手が総理大臣であろうとも、県庁の職員だろうとも、現場のスタッフであろうとも、県民の皆さんであろうとも一緒です。そのためにも私は「熊谷さん」でいたい。オープンな人間関係と開かれた県政を私はこれからも大事にしていきます。

今回、本書で対談形式をとったのは、もちろん現場主義というのもありますが、立場の違うふたりが、開かれた場でコミュニケーションを取ることで、同じ問題が複眼的に見えることを期待しました。それによって、読者が重層的に問題点や千葉が持つポテンシャルを理解していただければ出版した意味があると思っています。

これからも一緒に『千葉と守る』日々を歩んでいきましょう。

2024年10月吉日　熊谷 俊人

Toshihito Kumagai

熊谷 俊人（くまがい としひと）

千葉県知事

1978年2月18日生まれ。兵庫県神戸市在住の1995年、高校2年生の時に阪神・淡路大震災で被災。被害者の生活再建や市街の復興過程の問題を目の当たりにして地方自治・地方行政を意識するようになる。2001年、早稲田大学政治経済学部卒業。同年、NTTコミュニケーションズ株式会社入社。2007年には、千葉市議会議員選挙（稲毛区）に立候補し当選。2009年には、千葉市長選挙に立候補し、当選。31歳での市長就任は当時全国最年少となった。2021年3月、千葉県知事選挙に立候補し、得票数140万9496で初当選（歴代最多得票数を更新）。

千葉と守る

思いをつなぎ、
安全・健康な未来へ

著者　熊谷 俊人

2024年11月30日　初版発行
2025年 2月 1日　2版発行

撮　　影　京介
装　　丁　村田江美
構　　成　菅野徹
校　　正　株式会社東京出版サービスセンター
編　　集　岩尾雅彦／川本悟史（ワニブックス）

発 行 者　髙橋明男
発 行 所　株式会社ワニブックス
〒150-8482
東京都渋谷区恵比寿4-4-9えびす大黒ビル
ワニブックスHP　http://www.wani.co.jp/
お問い合わせはメールで受け付けております。
HPより「お問い合わせ」へお進みください
※内容によりましてはお答えできない場合がございます。

印 刷 所　株式会社 光邦
D　T　P　mint design
製 本 所　ナショナル製本

定価はカバーに表示してあります。
落丁本・乱丁本は小社管理部宛にお送りください。
送料は小社負担にてお取替えいたします。
ただし、古書店等で購入したものに関してはお取替えできません。

ISBN 978-4-8470-7496-7